ARTHUR SCHOPENHAUER

# WELT UND MENSCH

EINE AUSWAHL AUS DEM GESAMTWERK
VON ARTHUR HÜBSCHER



PHILIPP RECLAM JUN. STUTTGART

Universal-Bibliothek Nr. 8451 [3]

Satz: Vereinsdruckerei Heilbronn e.G.m.b.H., Heilbronn
Druck und Bindung: Reclam, Ditzingen. Printed in Germany 1984
ISBN 3-15-008451-2

## ZUR EINFÜHRUNG

Der junge Mann, der im Herbst 1818 sein philosophisches System in einem Band von über 700 Druckseiten vorlegte, war vom Werte seiner Arbeit überzeugt. „Mein Buch", heißt es in einem Brief an den Verleger, „ist eine im höchsten Grade zusammenhängende Gedankenreihe, die bisher noch nie in irgendeines Menschen Kopf gekommen ... Ich betrachte es als die ganze Frucht meines Daseins. Der Eindruck nämlich, welchen auf einen individuellen Geist die Welt macht, der Gedanke, durch welchen der Geist nach erhaltener Bildung auf jenen Eindruck reagiert, ist allemal nach zurückgelegtem dreißigstem Jahre da ... Alles Spätere sind nur Entwicklungen und Variationen." Ein merkwürdig sicheres Urteil. Das Werk des Dreißigjährigen blieb bestehen – im Grundriß unverändert und nur immer wieder durch fortführende und vertiefende Betrachtungen bereichert. Es gibt keine Fortentwicklung des Weltbildes, keine inneren Kämpfe und Wandlungen – Arthur Schopenhauer wird zum alten Manne über der geduldigen Sicherung und Erhaltung dessen, was ein Geschenk seiner Jugend war, ein Geschenk also des romantisch-jugendlichen Lebensalters, in dem, nach einem Worte Nietzsches, der Eros herrscht und, könnte man mit Thomas Mann hinzufügen, auch der Tod. Eros und Tod: Es sind Leitthemen des romantischen Zeitalters, die in der *Welt als Wille und Vorstellung* aufgenommen werden, in der Bereitschaft für das Irrationale und Erlösungsbedürftige des Lebens. Schopenhauers Werk ist aus dem Zusammenhang mit seiner Zeit erwachsen, und das bedeutet auch: in einer weltoffenen Auseinandersetzung mit den Mitlebenden und im Begleitgang zu den viel verschlungenen Wegen des idealistischen Denkens, zu Schelling, den der Göttinger Student nicht ohne Nutzen gelesen, zu Fichte, den er in Berlin gehört hat.

Man kennt den unwilligen Ton seiner Randschriften zu den Göttinger und Berliner Vorlesungen, der das schonungslose Urteil späterer Jahre unmittelbar anzukündigen scheint: Schelling ein Windbeutel, Fichte der Vater der Scheinphilosophie, seine Worte bloßer Hokuspokus . . . Aber das sind Strafworte aus der zweiten Auflage des Buches, fünfundzwanzig Jahre später geschrieben. Die erste Auflage steht noch im Zeichen einer stillen Ironie über die „originellen und tiefen Philosophen" seiner Zeit, davon in Deutschland „mehr zugleich leben als sonst etliche Jahrhunderte hintereinander aufzuweisen hatten". In diesem milden, verbindlichen Tone spricht die Vorrede zu den Lesern, denen die Zuordnung des Werkes in die wesentliche Zeitleistung obliegt – erst die Vorrede zur zweiten Auflage wird es den Zeitgenossen und den Landesgenossen entrücken und es der Menschheit schlechthin übergeben.

*Der* Leser, auf den es damals, zur Zeit des ersten Erscheinens, anzukommen scheint, ist Goethe. Am Vorbild Goethes hat sich Schopenhauers Weltgefühl gebildet, ein Blick auf ihn hat es, aus romantischen Ursprüngen heraus, den geschlossenen Horizont errungen. Noch 1814, im Jahre der Begegnung mit Goethe, haben sich alle Grundlehren Schopenhauers festgestellt und zum System geschlossen. Lange, vertrauensvoll und bis zuletzt vergeblich hat er um ihn geworben, aber die mit Sehnsucht erwartete Meinungsäußerung über '*Die Welt als Wille und Vorstellung* bleibt aus. Goethes Schweigen, ein Schweigen wie zu Kleists *Penthesilea,* zu Beethovens Egmont-Ouvertüre, bringt die erste schwere Enttäuschung in das Leben Schopenhauers.

Aber noch liegen die großen Entscheidungen seiner Mannesjahre vor ihm. Er reist nach Italien, dann tritt er, mit großer Zuversicht, die akademische Laufbahn an. Er liest zur selben Stunde wie Hegel – aber er liest nur ein einziges Semester von allen 24, in denen er der Universität Berlin angehört. Die Begegnung mit Hegel, bei der Probevorlesung im März 1820, hat eine lebenslange Gegnerschaft eingeleitet, die sich bei Hegel in völliger Nichtachtung des jungen Mannes kundgibt, bei Schopenhauer in einem mit steigender Erbitterung geführten Kampf gegen den „Scharlatan", den „Unsinnschmierer" und seine „Philosophie des absoluten Unsinns". Hegel aber trägt, zunächst, den Sieg davon.

Zu dem Mißerfolg der Lehrtätigkeit kommt der Mißerfolg des Buches. Immerhin, Schopenhauer rechnet von Anfang an mit längeren Fristen. Noch einmal reist er nach Italien – von dort schreibt er an seinen Jugendfreund Osann: „Wie wenig Notiz man von meinem Buche nimmt, weiß ich sehr wohl. Aber auch eben so wohl, daß das nicht immer so bleiben wird. Das Metall, woraus ich und mein Buch sind, ist gar nicht so häufig auf diesem Planeten ... Noch zehn Jahre Nichtachtung würden mich gar nicht irre machen."

In der späteren Berliner Zeit wird das Mißverhältnis immer offenkundiger. Das Buch bleibt unbekannt; erneute Versuche, eine Vorlesung zustande zu bringen, schlagen fehl; Pläne einer Habilitierung an einer anderen Universität scheitern. Schopenhauers Arbeiten sind nun bescheidenere Ziele gesteckt: Er denkt an Übersetzungen, die nur am Rande noch Wesen und Aufgabe seiner geistigen Existenz berühren.

Und dann weicht er der Cholera, der sein Gegner Hegel zum Opfer fällt. Seit 1833 lebt er in Frankfurt, einsam seinem Werke hingegeben. Wir haben aus diesen Jahren eine Reihe von Äußerungen, in denen Abgrenzung und Verwahrung vor der Zeit ebenso lebendig sind wie die zuversichtliche Gewißheit vor dem Entscheid der Zukunft: „Mein Zeitalter und ich passen nicht füreinander. Soviel ist klar. Aber wer von uns wird den Prozeß vor dem Richterstuhl der Nachwelt gewinnen?" Oder: „Zu machen, daß meinen Zeitgenossen Gedanken willkommener seien als Wortkram, steht nicht in meiner Macht, sondern nur, mich zu trösten, daß ich nicht der Mann meiner Zeit bin." Oder, mit einem abgewandelten Wort seines Lieblingsautors Balthasar Gracian: „Wenn es dieses Jahrhundert nicht einsieht, so werden es viele folgende: Tempo è galantuomo." Der Gedanke an eine zweite vermehrte Auflage seines Werkes muß in diesen Jahren endgültig aufgegeben werden. Schopenhauer faßt die Zusätze zum zweiten Buch zu einer selbständigen Schrift zusammen, sie erscheint 1836 – nach einem neunzehnjährigen „Schweigen der Indignation" – mit dem Titel *Über den Willen in der Natur.* Sie bleibt ohne Wirkung, unter den philosophischen Werken jener Tage steht sie da „wie ein Raphael in der Bedientenstube".

Schopenhauer hat das fünfzigste Lebensjahr überschritten, als er die erste öffentliche Anerkennung erfährt. Die Abhandlung *Über die Freiheit des menschlichen Willens* erhält den Preis der Kgl. Norwegischen Gesellschaft der Wissenschaften. Eine zweite Preisschrift aber, *Über die Grundlage der Moral*, wird nicht gekrönt, und das Buch, das beide Abhandlungen vereinigt, *Die beiden Grundprobleme der Ethik*, bleibt ebenso unbeachtet wie der Ergänzungsband des Hauptwerks, der endlich, zusammen mit der Neuauflage des ersten, herauskommt und noch einmal, an Prägnanz, an Musik- und Bildgewalt der Sprache dem ersten überlegen, den ganzen Umkreis der Weltdeutung abschreitet.

Seit langem trägt Schopenhauer Rock und Mantel nach dem gleichen, einmal in jungen Jahren festgelegten Schnitt, und so trägt er das Bild seiner Jugend auch äußerlich in sein Alter hinein. Ein Besucher in seinen letzten Lebensjahren, der französische Diplomat Graf Foucher de Careil, empfindet ihn als Zeitgenossen Voltaires und Diderots, Helvetius' und Chamforts, als „den letzten Causeur des 18. Jahrhunderts". Und auch der Masse der Mitlebenden erscheint er wie ein Fremdling aus einer anderen Zeit. Seine Neigung zu gestikulierendem Selbstgespräch, sein auf eiligen Spaziergängen ihn begleitender Pudel – das sind die Vorstellungen, die man mit seinem Namen verbindet. Er gilt als der Sohn der berühmten Johanna Schopenhauer.

Nach Goethe ist ihm kein Zeitgenosse von Rang und Namen nähergetreten. Die ranggemäßen Begegnungen seines Lebens sind jetzt Begegnungen mit Männern der Vergangenheit: mit Beethoven (um 1830), mit dem Pathologen Bichat (um 1838), mit Meister Eckhart (1858), mit Leopardi (1858). Keine Reise unterbricht die letzten dreißig Jahre seines Lebens, kaum einmal ein kurzer Ausflug nach Mainz oder Aschaffenburg. Er bedarf keiner Auffrischung, keiner Entlastung durch andere Orte, andere Menschen. Die Dichtung, die Musik, die geistigen, die wirtschaftlichen und sozialen, die politischen Strömungen seit den dreißiger Jahren – das alles ist sehr fern von ihm, so eifrig er an Hand der *Times*, der *Blätter für literarische Unterhaltung*, der *Zeitschrift für Philosophie* und anderer Blätter die Geschehnisse verfolgt. Auf den Gebieten der biblischen Theologie, der Religionsgeschichte und des Schriftglaubens vollziehen sich seit dem *Leben Jesu* von David Friedrich Strauß wesentliche Umwälzungen – sie berühren ihn so wenig wie die Denkentwicklungen, die mit den Namen der „Tumultanten" Ludwig Feuerbach, Bruno Bauer, Friedrich Theodor Vischer, Arnold Ruge verbunden sind. Nirgends findet er Anlaß zu ernsthafter Auseinandersetzung. Sich in die philosophischen Streitigkeiten seiner Zeit zu mengen, das wäre so, wie wenn er den Pöbel auf der Gasse sich balgen sähe und hinabgehen wollte, um an der Prügelei teilzunehmen.

Man hat ihm seine Zurückhaltung vergolten: Sein

Werk verfällt der allgemeinen Taktik des „Ignorierens und Sekretierens". Seit der Göttinger Universitätszeit hat er sich immer wieder mit den Naturwissenschaften beschäftigt und Kenntnisse erworben, wie sie seit Aristoteles nur wenige Philosophen besessen haben – vielleicht Descartes, vielleicht Leibniz. Doch das aufsteigende Zeitalter der Naturwissenschaften läßt ihn beiseite. Ludwig Büchner bescheinigt ihm platterdings eine „totale Unkenntnis aller physischen und physiologischen Vorgänge der Natur und des Tierkörpers" (1855). Schopenhauer selbst freilich hat für die „Herren von Tiegel und der Retorte" wenig freundliche Worte übrig. Sie sind Apothekerburschen und Barbiergesellen, Pillendrechsler und Pflasterschmierer, Ignoranten mit einem kindlich naiven Realismus, die auf der Grundlage des Katechismus und der Affenregister „dreist in den Tag hinein dogmatisieren, über Seele, Gott, Weltanfang, Atome u. dergl., als wäre Kants Kritik der reinen Vernunft im Monde geschrieben und kein Exemplar derselben auf die Erde gekommen".

Er stößt am Ende alle vor den Kopf, die Männer des auflebenden Nationalbewußtseins und die Jungdeutschen, die Männer des Fortschritts, die Männer von 1848, die ihm nie vergeben werden, daß er die Revolution als „Aufruhr und Empörung" abgetan hat, als Preisgabe mühsam erworbener Schutzwehren gegen primitivste Leidenschaften. In den Jahren nach 1848 werden die Leitworte geprägt, in denen die landläufige Vorstellung von Schopenhauer ihren Ausdruck findet. Man spricht von dem vermeintlichen Verfechter einer „tatenlosen Beschaulichkeit", dessen „Pflichtenlehre auf den moralischen Mut des Couponabschneidens gegründet" sei (Gutzkow), von dem Mann der Reaktion, und allgemeiner und immer häufiger mit einem Schlagwort, das in das Urteil der kommenden Jahrzehnte eingeht, von dem Vertreter eines müden, lähmenden, kulturfeindlichen

Pessimismus. *Die Welt als Wille und Vorstellung* erfährt zum ersten Male eine Art von geistesgeschichtlicher Zuordnung – als ein Dokument des Scheiterns an der Welt, der Enttäuschung und der Klage, als Ausdruck für die Ratlosigkeit nach dem Zusammenbruch der Hegelschen Schule und nach dem Fehlschlagen der politischen Erhebung, als Dokument einer umfassenden Entwertung aller Lebenswerte.

Seltsame Urteile. Man fällt sie zum erstenmal, als Schopenhauer eben in eine ihm jahrelang versagte Beziehung zur Gegenwart eingetreten ist. Seit dem Erscheinen seines letzten Werkes, der *Parerga und Paralipomena* (1851), scheint die Zeit des Ignorierens und Sekretierens vorbei. Man schweigt nicht mehr, man greift ihn an, man stimmt ihm zu – aber es gehört zu den Merkwürdigkeiten seiner Wirkung, daß nicht nur die Gegnerschaft ein fortdauerndes Mißverständnis seines Denkens bringt, sondern ebenso der späte Ruhm, der das letzte Jahrzehnt seines Lebens füllt und seinen Namen in die Zukunft trägt. Er kann noch selbst das Wort von der „Komödie seines Ruhmes" prägen, er weiß, daß der tiefe Gegensatz zu den Zeitläuften bestehen bleibt, auch wo man ihn mit trügerischen Mitteln überbrücken möchte. Vieles wird nun über ihn geschrieben, es gibt Vorlesungen und Preisaufgaben über seine Lehre, sein Bild, seine Tischgespräche finden den Weg in Zeitungen und Zeitschriften, alte und neue Anekdoten knüpfen sich an seinen Namen. Er läßt sich solche Zeugnisse der Anerkennung gern gefallen, er freut sich, wenn ein Advokat in Danzig, ein märkischer Gutsbesitzer, ein Stellmacher in Hameln ihm huldigen. Er hat für Gelehrte geschrieben und sieht nun, wie seine Lehre überall ins Volk dringt; es ist ihm gleichgültig, wo und wie sie aufgenommen wird. Es scheint, wie man nicht ohne Grund gesagt hat, als habe er sein Werk nur in den Sattel heben wollen, damit es nun ganz allein in Zeit und Ewigkeit hinausreite. Ein Gefühl der Fremdheit und Geschiedenheit aber bleibt immer noch, auch da, wo er etwas wie innere Verwandtschaft spüren kann, auch, wo die Wirkungen seines Denkens ihm entgegenkommen. Einen Abend lang sitzt er mit dem verehrten Rossini, dem Meister der Melodie, des für Schopenhauer entscheidenden Elements der Tonkunst, an der Tafel; er spricht kein Wort mit ihm. Richard Wagner aber scheut sich, nach der schlechten Aufnahme, die sein *Ring* bei Schopenhauer gefunden hat, ihn bei der Durchreise durch Frankfurt aufzusuchen. Und der Besuch Friedrich Hebbels fällt wenig erfreulich aus.

So geht er – immer noch ein großer Unzeitgemäßer – in die Nachwelt ein, und noch im Siegeszug der Nachfolge wird er von alter und von neuer Fehldeutung begleitet sein, seine Lehre ein ungewisses Leit- oder Gegenbild für alle sich wandelnden Wünsche und Sehnsüchte der Zeiten. Als Nietzsche sein Bekenntnis zu Schopenhauer ablegt, geschieht es in der Form der *Unzeitgemäßen Betrachtung*. Aber das Bekenntnis gilt dem Denker Schopenhauer, seiner Wahrheitsliebe, seinem Tatsachensinn, nicht seiner Lehre, die bei Nietzsche die entschiedenste Umdeutung erfährt: Der Wille zum Leben wird zum Willen zur Macht. Und von dieser Umdeutung her leiten sich schließlich noch letzte Urteile ab, die sich auf der Ebene der Gesellschaftskritik und der Tagespolitik bewegen: Schopenhauer, der Sachwalter des untergehenden Kleinbürgertums, der Vertreter einer Weltanschauungsmystik, die, über Wagner und Nietzsche hinweg, in hemmungslosem Machtstreben und barbarischer Verherrlichung der Gewalt zutage getreten sei.

Ein merkwürdiger Vorgang, diese Überlagerung des Werkes durch die wechselnden Meinungen und Urteile von Mit- und Nachwelt! Noch ist die eigentliche Wirkungsgeschichte Schopenhauers nicht geschrieben, die Frage noch kaum gestellt, wieweit das Werk dieses Unzeitgemäßen eine bleibende Formung der geistigen Bereiche eingeleitet hat, wie viele seiner Einsichten zum bleibenden Besitz geworden sind. Man wird die Nachfolge Schopenhauers wieder aus dem Gegensatz zu seiner Zeit begreifen müssen, die im Zeichen der geschichtlichen Betrachtungsweise stand – ob sie mit Hegel oder Marx die Gesetze der Weltgeschichte aufzuspüren suchte oder in der Gegenbewegung des Historismus dem Einmaligen und Individuellen den Vorzug gab und den Gehalt geschichtlicher Erscheinungen durch Versenkung in ihre Besonderheiten und durch Erforschung ihrer Entwicklungen zu deuten suchte. Schopenhauer hat die historische Betrachtungsweise stark verurteilt. Niemand, sagt er, werde eine philosophische Erkenntnis der Welt erlangen, der ihr Wesen irgendwie historisch zu erfassen suche, der in seiner Ansicht der Welt irgendein Werden oder Gewordensein gelten lasse. Die echte philosophische Betrachtungsweise frage niemals nach dem Woher und Wohin und Warum, sondern immer nur nach dem Was der Welt, sie betrachte die Dinge nicht als werdend und vergehend, sondern habe umgekehrt das in allem Werden und Vergehen immer gleiche Wesen der Welt zum Gegenstande.

Man könnte, heißt es in den *Parerga*, die Geschichte ansehen als eine Fortsetzung der Zoologie, und damit ist bereits das Motiv einer Rückführung des Individuellen in das Allgemeine und Gattungsmäßige gegeben, das in der zweiten Hälfte des 19. Jahrhunderts vielseitig entwickelt wird: Man begreift Mensch und Geschichte in ihren naturgesetzlichen Verbindungen; naturwissenschaftliche Methoden werden auf geschichtliche Entwicklungen übertragen, und die Geschichte selbst erhält die Aufgabe, die Naturgesetze des Völkerlebens aufzusuchen und zu beschreiben. Und noch bevor das Jahrhundert endet, löst Jacob Burckhardt das Rätsel der Geschichte eindeutig mit Schopenhauer, „unserem Philosophen" – in der Rückwendung auf das bleibende

Zentrum, den leidenden, strebenden und handelnden Menschen, „wie er ist und immer war und sein wird".

Über die Zeit der Naturwissenschaften und des Positivismus hinweg hat Schopenhauer die anthropologische Wende der Philosophie unserer Tage eingeleitet. Man muß Schopenhauer nicht nur die Entdeckung des Unbewußten zuerkennen oder die Vorwegnahme von Freuds Verdrängungstheorie oder anderer Einsichten der modernen Psychologie – er hat fast alle Hauptmotive des heutigen Denkens vorgreifend entwickelt, so wenig man sich seiner Rolle als Wegbereiter zu erinnern liebt. Schopenhauers Einbeziehung des menschlichen Willens in den Willen in der Natur wird in den philosophischen Bemühungen der Gegenwart eindringlich wiederholt, in der thematischen und methodischen Verlagerung der Seinsdeutung vom Geist und der Vernunft zu den Mächten des Unbewußten, des Irrationalen, die über Nietzsche hinweg in der Lebensphilosophie zur Geltung drängen, bei Dilthey, bei Bergson, bei Klages, und weiter in der heutigen Existenzphilosophie, in der sich Antriebe und Leitgedanken der Lebensphilosophie mit einer starken Beimischung von Lebensangst zur Einheit binden. Daß der Mensch ein Wesen aus Bedürfnissen sei, daß die Sorge um die Erhaltung des Daseins in der Regel sein Leben ausfülle und daß sein eigentliches Dasein nur in der Gegenwart sei, deren ungehemmte Flucht in die Vergangenheit ein steter Übergang in den Tod, ein stetes Sterben ist – auch diese Einsichten Schopenhauers werden bis in Einzelheiten der Begriffswahl (etwa der „Geworfenheit" Heideggers) in der Existenzphilosophie wiederholt. Wir finden heute überall Gedanken, die Schopenhauer zuerst gedacht hat und die von unserer Zeit neu aufgefunden werden mußten. Wir finden andere Gedanken, die von Geschlecht zu Geschlecht erneuert und abgewandelt worden und schließlich in das allgemeine Bewußtsein eingedrungen sind, ohne in der Zusammenhanglosigkeit des geistigen Haushalts unserer Tage noch am rechten Ort zu stehen. Die Wirkung Schopenhauers ist mit dem Nachweis seines Einflusses auf den Gang der Philosophiegeschichte oder der vielfachen Antriebe, die er der Naturphilosophie, der Psychologie, der Indologie mitgegeben hat, immer nur zum Teil umrissen. Sie ist in eine Breite des geistigen und kulturellen Lebens eingegangen, die immer wieder der ordnenden, Einheit und Zusammenhang stiftenden Kraft seines Werkes harrt. Das Schopenhauer-Erlebnis der ersten „Jünger" und Anhänger wiederholt sich immer wieder: als Akt der Erleuchtung und Selbstbestätigung, als plötzliche Erhellung ungelöster Daseinsfragen und schließlich, im Bewußtwerden der pädagogischen Funktion des Werkes, als Erringen einer sittlichen Grundhaltung der Welt und dem eigenen Selbst gegenüber, die dem Dunklen, Grausamen, Dämonischen des Lebens in innerer Bereitschaft begegnen kann. –

Schopenhauer hat wenig geschrieben. Seine Schriften, von der Dissertation *Über die vierfache Wurzel des Satzes vom zureichenden Grunde* bis zu der in seinem Todesjahre, 1860, erschienenen zweiten Auflage der *Beiden Grundprobleme der Ethik*, finden in sechs mittelstarken Bänden Platz. Dieses Wenige allerdings enthält nichts Überflüssiges. So kann die Auswahl, die wir, unter Einbeziehung von Stellen aus dem Nachlaß, vorlegen, nur einen ersten, anregenden und zu weiterer Vertiefung einladenden Überblick über die Grundgedanken des Systems geben. Sie folgen dem Aufbau des Hauptwerks, das die Erkenntnistheorie vor die Naturphilosophie und die Ästhetik vor die Ethik setzt, aber sie führt das vollendete, in sich abgeschlossene Gebäude des Systems gleichsam auf den Zustand seiner Werdezeit zurück: Aus einzelnen, der Eingebung des Augenblicks folgenden Niederschriften war das Werk entstanden. Manchmal waren es ein paar knappe, aphorismenartige Sätze, manchmal erreichten die Aufzeichnungen das Ausmaß kleiner Abhandlungen . . . So wuchs das Ganze des Systems von vielen Enden her zusammen – ein hunderttoriges Theben, das durch jeden Zugang zum Mittelpunkte leitet. Unsere Auswahl versucht, diesen schöpferischen Weg zu wiederholen: sie möchte von einzelnen, aus dem Zusammenhang gelösten Stellen aus den Blick auf das Ganze einer Weltsicht öffnen, die von der Wirklichkeit nie überschritten werden kann.

Es bleibt noch zu sagen, daß die Rechtschreibung den heutigen Verhältnissen angeglichen worden ist und daß die Überschriften zu den ausgewählten Stellen, den Leitgedanken Schopenhauers folgend, vom Herausgeber hinzugefügt worden sind.

*Arthur Hübscher*

# I. WAS IST PHILOSOPHIE?

## *Zwei Erfordernisse*

Zum Philosophieren sind die zwei ersten Erfordernisse diese: erstlich, daß man den Mut habe, keine Frage auf dem Herzen zu behalten; und zweitens, daß man alles das, *was sich von selbst versteht*, sich zum deutlichen Bewußtsein bringe, um es als Problem aufzufassen.

## *Die philosophische Unruhe*

Nur dem gedankenlosen Tiere scheint sich die Welt und das Dasein von selbst zu verstehn, dem Menschen hingegen ist sie ein Problem, dessen sogar der Roheste und Beschränkteste in einzelnen helleren Augenblicken lebhaft innewird, das aber jedem um so deutlicher und anhaltender ins Bewußtsein tritt, je heller und besonnener dieses ist, und je mehr Stoff zum Denken er durch Bildung sich angeeignet hat, welches alles endlich in den zum Philosophieren geeigneten Köpfen sich . . . zu derjenigen Verwunderung steigert, die das Problem, welches die edlere Menschheit jeder Zeit und jedes Landes unablässig beschäftigt und ihr keine Ruhe läßt, in seiner ganzen Größe erfaßt. In der Tat ist die Unruhe, welche die nie ablaufende Uhr der Metaphysik in Bewegung erhält, das Bewußtsein, daß das Nichtsein dieser Welt ebenso möglich sei wie ihr Dasein.

## Das Problem der Philosophie

Die Philosophie hat das Eigene, daß sie gar nichts als bekannt voraussetzt, sondern alles ihr in gleichem Maße fremd und ein Problem ist, nicht nur die Verhältnisse der Erscheinungen, sondern auch diese selbst, ja der Satz vom Grunde selbst, auf welchen alles zurückzuführen die anderen Wissenschaften zufrieden sind, durch welche Zurückführung bei ihr aber nichts gewonnen wäre, da ein Glied der Reihe ihr so fremd ist wie das andere, ferner auch jene Art des Zusammenhangs selbst ihr ebensogut ein Problem ist als das durch ihn Verknüpfte, und dieses wieder nach aufgezeigter Verknüpfung so gut als vor derselben. Denn eben jenes, was die Wissenschaften voraussetzen und ihren Erklärungen zugrunde legen und zur Grenze setzen, ist gerade das eigentliche Problem der Philosophie, die folglich insofern da anfängt, wo die Wissenschaften aufhören. Beweise können nicht ihr Fundament sein, denn diese leiten aus bekannten Sätzen unbekannte ab; aber ihr ist alles gleich unbekannt und fremd.

Die Philosophie ist wesentlich Weltweisheit; ihr Problem ist die Welt. Mit dieser allein hat sie es zu tun und läßt die Götter in Ruhe, erwartet aber dafür, auch von ihnen in Ruhe gelassen zu werden.

## Philosophie und Kunst

Nicht bloß die Philosophie, sondern auch die schönen Künste arbeiten im Grunde darauf hin, das Problem des Daseins zu lösen. Denn in jedem Geiste, der sich einmal der rein objektiven Betrachtung der Welt hingibt, ist, wie versteckt und unbewußt es auch sein mag, ein Streben rege geworden, das wahre Wesen der Dinge, des Lebens, des Daseins, zu erfassen.

Die Philosophie muß, so gut wie Kunst und Poesie, ihre Quelle in der anschaulichen Auffassung der Welt haben: auch darf es dabei, so sehr auch der Kopf oben zu bleiben hat, doch nicht so kaltblütig hergehn, daß nicht am Ende der ganze Mensch, mit Herz und Kopf, zur Aktion käme und durch und durch erschüttert würde. Philosophie ist kein Algebra-Exempel. Vielmehr hat Vauvenargues Recht, indem er sagt: les grandes pensées viennent du coeur [die großen Gedanken kommen aus dem Herzen].

Wenn auch einst die *Philosophie* zur höchsten Vollendung gediehen sein wird, so wird sie doch nie, bei der Erkenntnis des Wesens der Welt, die andern *Künste* entbehrlich machen; vielmehr wird sie ihrer stets als eines notwendigen Kommentares bedürfen. Umgekehrt ist auch sie der Kommentar der übrigen Künste, aber nur für die Vernunft, als abstrakter Ausdruck des Inhalts aller andern Künste, und sonach des Wesens der Welt.

## *Die Devise der Geschichte*

Die wahre Philosophie der Geschichte besteht in der Einsicht, daß man, bei allen diesen endlosen Veränderungen und ihrem Wirrwarr, doch stets nur dasselbe, gleiche und unwandelbare Wesen vor sich hat, welches heute dasselbe treibt wie gestern und immerdar: sie soll also das Identische in allen Vorgängen, der alten wie der neuen Zeit, des Orients wie des Okzidents, erkennen, und, trotz aller Verschiedenheit der speziellen Umstände, der Kostüme und Sitten, überall dieselbe Menschheit erblicken. Dies Identische und unter allem Wechsel Beharrende besteht in den Grundeigenschaften des menschlichen Herzens und Kopfes – vielen schlechten, wenigen guten. Die Devise der Geschichte überhaupt müßte lauten: Eadem, sed aliter. [Dasselbe, aber anders.] Hat einer den Herodot gelesen, so hat er, in philosophischer Absicht, schon genug Geschichte studiert. Denn da steht schon alles, was die folgende Weltgeschichte ausmacht: das Treiben, Tun, Leiden und Schicksal des Menschengeschlechts, wie es aus den besagten Eigenschaften und dem physischen Erdenlose hervorgeht.

### *Die Stücke wechseln, die Spieler bleiben*

So sehr auch auf der Bühne der Welt die Stücke und die Masken wechseln, so bleiben doch in allen die Schauspieler dieselben. Wir sitzen zusammen und reden und regen einander auf, und die Augen leuchten und die Stimmen werden schallender: ganz ebenso haben andere gesessen, vor tausend Jahren: es war dasselbe und es waren dieselben: ebenso wird es sein über tausend Jahre. Die Vorrichtung, wodurch wir dessen nicht innewerden, ist die Zeit.

### *Das Eichhörnchen im Rade*

Unser philosophisches Bestreben kann bloß dahin gehn, das Handeln des Menschen, die so verschiedenen, ja entgegengesetzten Maximen, deren lebendiger Ausdruck es ist, zu deuten und zu erklären, ihrem innersten Wesen und Gehalt nach ... Unsere

Philosophie wird dabei dieselbe *Immanenz* behaupten wie in der ganzen bisherigen Betrachtung: sie wird nicht, Kants großer Lehre zuwider, die Formen der Erscheinung, deren allgemeiner Ausdruck der Satz vom Grunde ist, als einen Springstock gebrauchen wollen, um damit die allein ihnen Bedeutung gebende Erscheinung selbst zu überfliegen und im grenzenlosen Gebiet leerer Fiktionen zu landen. Sondern diese wirkliche Welt der Erkennbarkeit, in der wir sind und die in uns ist, bleibt, wie der Stoff, so auch die Grenze unserer Betrachtung: sie, die so gehaltreich ist, daß auch die tiefste Forschung, deren der menschliche Geist fähig wäre, sie nicht erschöpfen könnte . . .

Endlich werden wir auch hier nicht Geschichten erzählen und solche für Philosophie ausgeben. Denn wir sind der Meinung, daß jeder noch himmelweit von einer philosophischen Erkenntnis der Welt entfernt ist, der vermeint, das Wesen derselben irgendwie, und sei es noch so fein bemäntelt, *historisch* fassen zu können; welches aber der Fall ist, sobald in seiner Ansicht des Wesens an sich der Welt irgendein *Werden* oder Gewordensein oder Werdenwerden sich vorfindet, irgend ein Früher oder Später die mindeste Bedeutung hat und folglich, deutlich oder versteckt, ein Anfangs- und ein Endpunkt der Welt, nebst dem Wege zwischen beiden gesucht und gefunden wird und das philosophierende Individuum wohl noch gar seine eigene Stelle auf diesem Wege erkennt . . . Alle solche historische Philosophie, sie mag auch noch so vornehm tun, nimmt, als wäre Kant nie dagewesen, *die Zeit* für eine Bestimmung der Dinge an sich, und bleibt daher bei dem stehn, was Kant die Erscheinung, im Gegensatz des Dinges an sich, und Platon das Werdende, nie Seiende, im Gegensatz des Seienden, nie Werdenden nennt, oder endlich was bei den Indern das Gewebe der Maja heißt: es ist eben die dem Satz vom Grunde anheimgegebene Erkenntnis, mit der man nie zum inneren Wesen der Dinge gelangt, sondern nur Erscheinungen ins Unendliche verfolgt, sich ohne Ende und Ziel bewegt, dem Eichhörnchen im Rade zu vergleichen, bis man etwa endlich ermüdet, oben oder unten, bei irgendeinem beliebigen Punkte stillesteht und nun für denselben auch von andern Respekt ertrotzen will.

Die echte philosophische Betrachtungsweise der Welt, d.h. diejenige, welche uns ihr inneres Wesen erkennen lehrt und so über die Erscheinung hinaus führt, ist gerade die, welche nicht nach dem Woher und Wohin und Warum, sondern immer und überall nur nach dem Was der Welt frägt, d.h. welche die Dinge nicht nach irgendeiner Relation, nicht als werdend und vergehend, kurz, nicht nach einer der vier Gestalten des Satzes vom Grunde betrachtet; sondern umgekehrt gerade das, was nach Aussonderung dieser ganzen, jenem Satz nachgehenden Betrachtungsart noch übrigbleibt, das in allen Relationen erscheinende, selbst aber ihnen nicht unterworfene, immer sich gleiche Wesen der Welt, die Ideen derselben, zum Gegenstand hat.

## *Ein langer schwerer Traum*

Während die Geschichte uns lehrt, daß zu jeder Zeit etwas anderes gewesen, ist die Philosophie bemüht, uns zu der Einsicht zu verhelfen, daß zu allen Zeiten ganz dasselbe war, ist und sein wird. In Wahrheit ist das Wesen des Menschenlebens wie der Natur überall in jeder Gegenwart ganz vorhanden und bedarf daher, um erschöpfend erkannt zu werden, nur der Tiefe der Auffassung. Die Geschichte aber hofft die Tiefe durch die Länge und Breite zu ersetzen: ihr ist jede Gegenwart nur ein Bruchstück, welches ergänzt werden muß durch die Vergangenheit, deren Länge aber unendlich ist und an die sich wieder eine unendliche Zukunft schließt. Hierauf beruht das Widerspiel zwischen den philosophischen und den historischen Köpfen: jene wollen ergründen; diese wollen zu Ende erzählen. Die Geschichte zeigt auf jeder Seite nur dasselbe unter verschiedenen Formen: wer aber solches nicht in einer oder wenigen erkennt, wird auch durch das Durchlaufen aller Formen schwerlich zur Erkenntnis davon gelangen. Die Kapitel der Völkergeschichte sind im Grunde nur durch die Namen und Jahreszahlen verschieden: der eigentlich wesentliche Inhalt ist überall derselbe ...

Was endlich das besonders durch die überall so geistesverderbliche und verdummende Hegelsche Afterphilosophie aufgekommene Bestreben, die Weltgeschichte als ein planmäßiges Ganzes zu fassen oder, wie sie es nennen, „sie organisch zu konstruieren", betrifft, so liegt demselben eigentlich ein roher und platter *Realismus* zum Grunde, der die *Erscheinung* für das *Wesen an sich* der Welt hält und vermeint, auf sie, auf ihre Gestalten und Vorgänge käme es an; wobei er noch im stillen von gewissen mythologischen Grundansichten unterstützt wird, die er stillschweigend voraussetzt: sonst ließe sich fragen, für welchen Zuschauer denn eine dergleichen Komödie eigentlich aufgeführt würde? – Denn, da nur das Individuum, nicht aber das Menschengeschlecht wirkliche, unmittelbare Einheit des Bewußtseins hat, so ist die Einheit des Lebenslaufes dieses eine bloße Fiktion. Zudem, wie in der Natur nur die Spezies real, die genera bloße Abstraktionen sind, so sind im Menschengeschlecht nur die Individuen und ihr Lebenslauf real, die Völker und ihr Leben bloße Abstraktionen. Endlich laufen die Konstruktionsgeschichten, von plattem Optimismus geleitet, zuletzt immer auf einen behaglichen, nahrhaften, fetten Staat mit wohlgeregelter Konstitution, guter Justiz und Polizei, Technik und Industrie und höchstens auf intellektuelle Vervollkommnung hinaus, weil diese in der Tat die allein mögliche ist, da das Moralische im wesentlichen unverändert bleibt. Das Moralische aber ist es, worauf nach dem Zeugnis unsers innersten Bewußtseins, alles ankommt: und dieses liegt allein im Individuum als die Richtung seines Willens. In Wahrheit hat nur der Lebenslauf jedes einzelnen Einheit, Zusammenhang und wahre Bedeutsamkeit: er ist als eine Belehrung anzusehn, und der Sinn derselben ist ein moralischer. Nur die *innern* Vorgänge, sofern sie den *Willen* betreffen, haben wahre Realität und sind wirkliche Begebenheiten; weil der Wille allein das Ding an sich ist. In jedem Mikrokosmos liegt der ganze Makrokosmos und dieser enthält nichts mehr als jener. Die Vielheit ist Erscheinung, und die äußern Vorgänge sind bloße Konfigurationen der Erscheinungswelt, haben daher unmittelbar weder Realität noch Bedeutung, sondern erst mittelbar durch ihre Beziehung auf den Willen der einzelnen. Das Bestreben, sie unmittelbar deuten und auslegen zu wollen, gleicht sonach dem, in den Gebilden der Wolken Gruppen von Menschen und Tieren zu sehn. – Was die Geschichte erzählt, ist in der Tat nur der lange, schwere und verworrene Traum der Menschheit.

## *Das Wissen um den Tod*

Ohne Zweifel ist es das Wissen um den Tod und neben diesem die Betrachtung des Leidens und der Not des Lebens, was den stärksten Anstoß zum philosophischen Besinnen und zu metaphysischen Auslegungen der Welt gibt. Wenn unser Leben endlos und schmerzlos wäre, würde es vielleicht doch keinem einfallen zu fragen, warum die Welt da sei und gerade diese Beschaffenheit habe, sondern eben auch sich alles von selbst verstehn.

## *Der Anblick des Bösen*

Die nähere Beschaffenheit des Erstaunens, welches zum Philosophieren treibt, entspringt offenbar aus dem Anblick des Übels und des Bösen in der Welt, welche, selbst wenn sie im gerechtesten Verhältnis zueinander ständen, ja auch noch vom Guten weit überwogen würden, dennoch etwas sind, was ganz und gar und überhaupt nicht sein sollte.

## *Das richtige Alphabet*

Wenn man eine Schrift findet, deren Alphabet unbekannt ist; so versucht man die Auslegung so lange, bis man auf eine Annahme der Bedeutung der Buchstaben gerät, unter welcher sie verständliche Worte und zusammenhängende Perioden bilden. Dann aber bleibt kein Zweifel an der Richtigkeit der Entzifferung; weil es nicht möglich ist, daß die Übereinstimmung und der Zusammenhang, in welchen diese Auslegung alle Zeichen jener Schrift setzt, bloß zufällig wäre und man, bei einem ganz andern

Werte der Buchstaben, ebenfalls Worte und Perioden in dieser Zusammenstellung derselben erkennen könnte. Auf ähnliche Art muß die Entzifferung der Welt sich aus sich selbst vollkommen bewähren. Sie muß ein gleichmäßiges Licht über alle Erscheinungen der Welt verbreiten und auch die heterogensten in Übereinstimmung bringen, so daß auch zwischen den kontrastierendsten der Widerspruch gelöst wird. Diese Bewährung aus sich selbst ist das Kennzeichen ihrer Echtheit. Denn jede falsche Entzifferung wird, wenn sie auch zu einigen Erscheinungen paßt, den übrigen desto greller widersprechen . . .

So ließe sich ein unabsehbares Register der Widersprüche dogmatischer Annahmen mit der gegebenen Wirklichkeit der Dinge zusammenstellen. Hingegen muß ich in Abrede stellen, daß auf dasselbe irgendeine Lehre meiner Philosophie redlicherweise einzutragen sein würde; eben weil jede derselben in Gegenwart der angeschauten Wirklichkeit durchdacht worden und keine ihre Wurzel allein in abstrakten Begriffen hat. Da es dabei dennoch ein Grundgedanke ist, der an alle Erscheinungen der Welt, als ihr Schlüssel, gelegt wird; so bewährt sich derselbe als das richtige Alphabet, unter dessen Anwendung alle Worte und Perioden Sinn und Bedeutung haben. Das gefundene Wort eines Rätsels erweist sich als das rechte dadurch, daß alle Aussagen desselben zu ihm passen. So läßt meine Lehre Übereinstimmung und Zusammenhang in dem kontrastierenden Gewirre der Erscheinungen dieser Welt erblicken und löst die unzähligen Widersprüche, welche dasselbe, von jedem andern Standpunkt aus gesehen, darbietet: sie gleicht daher insofern einem Rechenexempel, welches aufgeht; wiewohl keineswegs in dem Sinne, daß sie kein Problem zu lösen übrig, keine mögliche Frage unbeantwortet ließe.

Dergleichen zu behaupten, wäre eine vermessene Ableugnung der Schranken menschlicher Erkenntnis überhaupt. Welche Fackel wir auch anzünden und welchen Raum sie auch erleuchten mag; stets wird unser Horizont von tiefer Nacht umgrenzt bleiben. Denn die letzte Lösung des Rätsels der Welt müßte notwendig bloß von den Dingen an sich, nicht mehr von den Erscheinungen reden. Aber gerade auf diese allein sind alle unsere Erkenntnisformen angelegt: daher müssen wir uns alles durch ein Nebeneinander, Nacheinander und Kausalitätsverhältnisse faßlich machen. Aber diese Formen haben bloß in Beziehung auf die Erscheinung Sinn und Bedeutung: die Dinge an sich selbst und ihre möglichen Verhältnisse lassen sich durch jene Formen nicht erfassen. Daher muß die wirkliche, positive Lösung des Rätsels der Welt etwas sein, das der menschliche Intellekt zu fassen und zu denken völlig unfähig ist; so daß, wenn ein Wesen höherer Art käme und sich alle Mühe gäbe, es uns beizubringen, wir von seinen Eröffnungen durchaus nichts würden verstehen können.

## *Der Horizont bleibt dunkel*

Nie habe ich mich vermessen, eine Philosophie aufzustellen, die keine Fragen mehr übrigließe. In diesem Sinne ist Philosophie wirklich unmöglich: sie wäre Allwissenheitslehre. Aber est quadam prodire tenus, si non datur ultra [Es ist immerhin etwas, bis zu einer gewissen Grenze fortzuschreiten, wenn es darüber hinaus nicht möglich ist]: es gibt eine Grenze, bis zu welcher das Nachdenken vordringen und *so weit* die Nacht unsers Daseins erhellen kann, wenngleich der Horizont stets dunkel bleibt. Diese

Grenze erreicht meine Lehre im Willen zum Leben, der, auf seine eigene Erscheinung, sich bejaht oder verneint. Darüber aber noch hinausgehn wollen, ist, in meinen Augen, wie über die Atmosphäre hinausfliegen wollen. Wir müssen dabei stehenbleiben; wenngleich aus gelösten Problemen neue hervorgehn.

## II. PHILOSOPHEN UND PHILOSOPHIEPROFESSOREN

### *Der Wille zur Wahrheit*

Die uneigennützigste Aufrichtigkeit des Strebens, der unwiderstehliche Drang nach Enträtselung des Daseins, der Ernst des Tiefsinns, der in das Innerste der Wesen einzudringen sich anstrengt, und die echte Begeisterung für die Wahrheit – dies sind die ersten und unerläßlichen Bedingungen zu dem Wagestücke, von neuem hinzutreten vor die uralte Sphinx, mit einem abermaligen Versuch, ihr ewiges Rätsel zu lösen, auf die Gefahr, hinabzustürzen zu so vielen Vorangegangenen in den finsteren Abgrund der Vergessenheit.

### *Das Echte geht langsam*

Die Wahrheit kann warten, denn sie hat ein langes Leben vor sich. Das Echte und ernstlich Gemeinte geht stets langsam seinen Gang und erreicht sein Ziel. Freilich fast wie durch ein Wunder; denn bei seinem Auftreten wird es in der Regel kalt, ja mit

Ungunst aufgenommen, ganz aus demselben Grunde, warum auch nachher, wenn es in voller Anerkennung und bei der Nachwelt angelangt ist, die unberechenbar große Mehrzahl der Menschen es allein auf Autorität gelten läßt, um sich nicht zu kompromittieren, die Zahl der aufrichtigen Schätzer aber immer fast noch so klein bleibt wie am Anfang.

## *Belehrung kommt von den Selbstdenkern*

Zu wirklichen und echten Leistungen in der Philosophie ist, wie in der Poesie und den schönen Künsten, die erste Bedingung ein ganz abnormer Hang, der, gegen die Regel der menschlichen Natur, an die Stelle des subjektiven Strebens nach dem Wohl der eigenen Person ein völlig *objektives*, auf eine der Person fremde *Leistung* gerichtetes Streben setzt und eben dieserhalb sehr treffend *exzentrisch* genannt, mitunter wohl auch als „Donquichottisch" verspottet wird ... Eine solche Geistesrichtung ist allerdings eine höchst seltene Anomalie, deren Früchte jedoch, eben deswegen, im Laufe der Zeit der ganzen Menschheit zugute kommen, da sie glücklicherweise von der Gattung sind, die sich aufbewahren läßt. Näher: man kann die Denker einteilen in solche, die *für sich selbst* und solche, die *für andere* denken; diese sind die Regel, jene die Ausnahme. Erstere sind demnach Selbstdenker im zwiefachen und Egoisten im edelsten Sinne des Wortes. Sie allein sind es, von denen die Welt Belehrung empfängt. Denn nur das Licht, welches einer sich selber angezündet hat, leuchtet nachmals auch anderen.

## *Die Irrtümer der Menschheit*

Solange wir uns rein anschauend verhalten, ist alles klar, fest und gewiß. Da gibt es weder Fragen noch Zweifeln, noch Irren: man will nicht weiter, kann nicht weiter, hat Ruhe im Anschauen, Befriedigung in der Gegenwart. Die Anschauung ist sich selber genug; daher was rein aus ihr entsprungen und ihr treu geblieben ist, wie das echte Kunstwerk, niemals falsch sein, noch durch irgendeine Zeit widerlegt werden kann: denn es gibt keine Meinung, sondern die Sache selbst. Aber mit der abstrakten Erkenntnis, mit der Vernunft, ist im Theoretischen der Zweifel und Irrtum, im Praktischen die Sorge und die Reue eingetreten. Wenn in der anschaulichen Vorstellung *der Schein* auf Augenblicke die Wirklichkeit entstellt, so kann in der abstrakten der *Irrtum* Jahrtausende herrschen, auf ganze Völker sein eisernes Joch werfen, die edelsten Regungen der Menschheit ersticken und selbst den, welchen zu täuschen er nicht vermag, durch seine Sklaven, seine Getäuschten, in Fesseln legen lassen. Er ist der Feind, gegen welchen die weisesten Geister aller Zeiten den ungleichen Kampf unterhielten, und nur was sie ihm abgewannen, ist Eigentum der Menschheit geworden. Daher ist es gut, sogleich auf ihn aufmerksam zu machen, indem wir den Boden betreten, auf welchem sein Gebiet liegt. Obwohl oft gesagt worden, daß man der Wahrheit nachspüren soll, auch wo kein Nutzen von ihr abzusehn, weil dieser mittelbar sein und hervortreten kann, wo man ihn nicht erwartet; so finde ich hier doch noch hinzuzusetzen, daß man auch ebensosehr bestrebt sein soll, jeden Irrtum aufzudecken und auszurotten, auch wo kein Schaden von ihm abzusehn, weil auch dieser sehr mittelbar sein und einst hervortreten kann, wo man ihn nicht erwartet: denn jeder Irrtum trägt ein Gift in seinem Innern. Ist es der Geist, ist es die Erkenntnis, welche den Menschen zum Herrn der Erde macht; so gibt es keine unschädlichen Irrtümer, noch weniger ehrwürdige, heilige Irrtümer. Und zum Trost derer, welche dem edlen und so schweren Kampf gegen den Irrtum, in irgendeiner Art und Angelegenheit, Kraft und Leben widmen, kann ich mich nicht entbrechen, hier hinzuzusetzen, daß zwar solange, als die Wahrheit noch nicht dasteht, der Irrtum sein Spiel treiben kann, wie Eulen und Fledermäuse in der Nacht: aber eher mag man erwarten, daß Eulen und Fledermäuse die Sonne zurück in den Osten scheuchen werden, als daß die erkannte und deutlich und vollständig ausgesprochene Wahrheit wieder verdrängt werde, damit der alte Irrtum seinen breiten Platz nochmals ungestört einnehme. Das ist die Kraft der Wahrheit, deren Sieg schwer und mühsam, aber dafür, wenn einmal errungen, ihr nicht mehr zu entreißen ist.

## *Seifenblasen*

Was die Schreiberei unserer Philosophaster so überaus gedankenarm und dadurch marternd langweilig macht, ist zwar im letzten Grunde die Armut ihres Geistes, zunächst aber dieses, daß ihr Vortrag sich durchgängig in höchst abstrakten, allgemeinen und überaus weiten Begriffen bewegt, daher auch meistens nur in unbestimmten, schwankenden, verblasenen Ausdrücken einherschreitet. Zu diesem aerobatischen [seiltänzerischen] Gange sind sie aber genötigt, weil sie sich hüten müssen, die Erde zu berühren, wo sie, auf das Reale, Bestimmte, Einzelne und Klare stoßend, lauter gefährliche Klippen antreffen würden, an denen ihre Wortdreimaster scheitern könnten. Denn statt Sinne und Verstand fest und unverwandt zu richten auf die anschaulich vorliegende Welt, auf das eigentlich und wahrhaft Gegebene, das Unverfälschte und an sich selbst dem Irrtum nicht Ausgesetzte, durch welches hindurch wir daher in das Wesen der Dinge einzudringen haben – kennen sie nichts als nur die höchsten Abstraktionen wie Sein, Wesen, Werden, Absolutes, Unendliches usf., gehen schon von diesen aus und bauen daraus Systeme, deren Gehalt zuletzt auf bloße Worte hinausläuft, die also eigentlich nur Seifenblasen sind, eine Weile damit zu spielen, jedoch den Boden der Realität nicht berühren können, ohne zu platzen.

## *Ein Kaspar Hauser unter den Professoren*

Infolge des alten, unversöhnlichen Krieges, den überall und immerdar Unfähigkeit und Dummheit gegen Geist und Verstand führt – sie durch Legionen, er durch einzelne vertreten –, hat jeder, der das Wertvolle und Echte bringt, einen schweren Kampf zu bestehen gegen Unverstand, Stumpfheit, verdorbenen Geschmack, Privatinteressen und Neid; alle in würdiger Allianz ... Mir aber war außerdem noch ein ungewöhnlicher Feind hinzugegeben: Ein großer Teil derer, welche in meinem Fache das Urteil des Publikums zu leiten Beruf und Gelegenheit hatten, war angestellt und besoldet, das Allerschlechteste, die *Hegelei,* zu verbreiten, zu loben, ja in den Himmel zu erheben ... Hieraus erkläre sich der spätere Leser die ihm sonst rätselhafte Tatsache, daß ich meinen eigentlichen Zeitgenossen so fremd geblieben bin wie der Mann im Monde. Jedoch hat ein Gedankensystem, welches, auch beim Ausbleiben aller Teilnahme anderer, seinen Urheber ein langes Leben hindurch unablässig und lebhaft zu beschäftigen und zu anhaltender, unbelohnter Arbeit anzuspornen vermag, eben hieran ein Zeugnis für seinen Wert und seine Wahrheit. Ohne alle Aufmunterung von außen hat die Liebe zu meiner Sache ganz allein meine vielen Tage hindurch mein Streben aufrechtgehalten und mich nicht ermüden lassen. Mit Verachtung blickte ich dabei auf den lauten Ruhm des Schlechten. Denn beim Eintritt ins Leben hatte mein Genius mir die Wahl gestellt, entweder die Wahrheit zu erkennen, aber mit ihr niemandem zu gefallen, oder aber mit den andern das Falsche zu lehren, unter Anhang und Beifall. Mir war sie nicht schwer geworden. Demgemäß nun aber wurde das Schicksal meiner Philosophie das Widerspiel dessen, welches die Hegelei hatte, so ganz und gar, daß man beide als die Kehrseiten desselben Blattes ansehen kann, der Beschaffenheit beider Philosophien gemäß. Die Hegelei, ohne Wahrheit, ohne Klarheit, ohne Geist, ja ohne Menschenverstand, dazu noch im Gewand des ekelhaftesten Galimathias, den man je gehört, auftretend, wurde eine oktroyierte und privilegierte Kathederphilosophie, folglich ein Unsinn, der seinen Mann nährte. Meine zur selben Zeit mit ihr auftretende Philosophie hatte zwar alle Eigenschaften, welche jener abgingen, allein sie war keinen höhern Zwecken gemäß zugeschnitten, bei den damaligen Zeitläuften für das Katheder gar nicht geeignet und also, wie man spricht, nichts damit zu machen. Da folgte es, wie Tag auf Nacht, daß die Hegelei die Fahne wurde, der alles zulief, meine Philosophie hingegen weder Beifall noch Anhänger fand, vielmehr mit übereinstimmender Absichtlichkeit gänzlich ignoriert, vertuscht, womöglich erstickt wurde, weil durch ihre Gegenwart jenes so erkleckliche Spiel gestört worden wäre wie Schattenspiel an der Wand durch hereinfallendes Tageslicht. Demgemäß nun also wurde ich die eiserne Maske oder der Kaspar Hauser der Philosophieprofessoren: abgesperrt von Luft und Licht, damit mich keiner sähe und meine angeborenen Ansprüche nicht zur Geltung gelangen könnten. Jetzt aber ist der von den Philosophieprofessoren totgeschwiegene Mann wieder auferstanden, zur großen Bestürzung der Philosophieprofessoren, die gar nicht wissen, welches Gesicht sie jetzt aufsetzen sollen.

## *Für die Philosophie leben – von der Philosophie leben*

Wenn es überhaupt eine Philosophie geben soll, d. h., wenn es dem menschlichen Geiste vergönnt sein soll, seine höchsten edelsten Kräfte dem ohne allen Vergleich wichtigsten aller Probleme zuwenden zu dürfen, so kann dies nur dann mit Erfolg geschehn, wenn die Philosophie allem Einflusse des Staates entzogen bleibt. Dieser tut für sie schon ein Großes und beweist ihr seine Humanität und seinen Edelmut genugsam, wenn er sie nicht verfolgt, sondern sie gewähren läßt und ihr Bestand vergönnt, als einer freien Kunst, die übrigens ihr eigener Lohn sein muß. Wogegen er des Aufwandes für Professuren derselben sich überhoben achten kann, weil die Leute, die *von* der Philosophie leben wollen, höchst selten eben die sein werden, welche eigentlich *für sie* leben, bisweilen aber sogar die sein können, welche versteckterweise *gegen sie* machinieren.

### *Stallfütterung*

Die Philosophieprofessoren hatten von alters her ihren speziellen Beruf darin erkannt, das Dasein und die Eigenschaften Gottes darzulegen und ihn zum Hauptgegenstand ihres Philosophierens zu machen. Daher, wenn die Schrift lehrt, daß Gott die Raben auf dem Felde ernährt, ich hinzusetzen muß: und die Philosophieprofessoren auf ihren Kathedern. Ja, sogar noch heutigen Tages versichern sie ganz dreist, das Absolutum (bekanntlich der neumodische Titel für den lieben Gott) und dessen Verhältnis zur Welt sei das eigentliche Thema der Philosophie, und dieses näher zu bestimmen, auszumalen und durchzuphantasieren sind sie nach wie vor beschäftigt. Denn allerdings möchten die Regierungen, welche für ein dergleichen Philosophieren Geld hergeben, aus den philosophischen Hörsälen auch gute Christen und fleißige Kirchengänger hervorgehen sehen.

Im ganzen genommen ist die Stallfütterung der Professoren am geeignetsten für die Wiederkäuer. Hingegen die, welche aus den Händen der Natur die eigene Beute empfangen, befinden sich besser im Freien.

## III. VORSTELLUNG UND WILLE

### *Zwei Wahrheiten*

„Die Welt ist meine Vorstellung“ – dies ist eine Wahrheit, welche in Beziehung auf jedes lebende und erkennende Wesen gilt; wiewohl der Mensch allein sie in das reflektierte abstrakte Bewußtsein bringen kann: und tut er dies wirklich, so ist die philosophische Besonnenheit bei ihm eingetreten. Es wird ihm dann deutlich und gewiß, daß er keine Sonne kennt und keine Erde; sondern immer nur ein Auge, das eine Sonne sieht, eine Hand, die eine Erde fühlt; daß die Welt, welche ihn umgibt, nur als Vorstellung da ist, d. h. durchweg nur in Beziehung auf ein anderes, das Vorstellende, welches er selbst ist. – Wenn irgendeine Wahrheit a priori ausgesprochen werden kann, so ist es diese: denn sie ist die Aussage derjenigen Form aller möglichen und erdenklichen Erfahrung, welche allgemeiner als alle andern, als Zeit, Raum und Kausalität ist: denn alle diese setzen jene eben schon voraus . . . Keine Wahrheit ist also gewisser, von allen andern unabhängiger und eines Beweises weniger bedürftig, als diese, daß alles, was für die Erkenntnis da ist, also diese ganze Welt, nur Objekt in Beziehung auf das Subjekt ist, Anschauung des Anschauenden, mit einem Wort, Vorstellung. Natürlich gilt dieses, wie von der Gegenwart, so auch von jeder Vergangenheit und jeder Zukunft, vom Fernsten wie vom Nahen: denn es gilt von Zeit und Raum selbst, in welchen allein sich dieses alles unterscheidet. Alles, was irgend zur Welt gehört und gehören kann, ist unausweichbar mit diesem Bedingtsein durch das Subjekt behaftet, und ist nur für das Subjekt da. Die Welt ist Vorstellung . . .

Daß jedoch diese Betrachtung, ihrer Wahrheit unbeschadet, eine einseitige, folglich durch irgendeine willkürliche Abstraktion hervorgerufen ist, kündigt jedem das innere Widerstreben an, mit welchem er die Welt als seine bloße Vorstellung annimmt; welcher Annahme er sich andererseits doch nimmermehr entziehn kann. Die Einseitigkeit dieser Betrachtung aber wird ergänzt durch eine Wahrheit, welche nicht so unmittelbar gewiß ist wie die, von der wir hier ausgehn; sondern zu welcher nur tiefere Forschung, schwierigere Abstraktion, Trennung des Verschiedenen und Vereinigung des Identischen führen kann – durch eine Wahrheit, welche sehr ernst und jedem, wo nicht furchtbar, doch bedenklich sein muß, nämlich diese, daß eben auch er sagen kann und sagen muß: „Die Welt ist mein Wille." –

### *Das Subjekt: Träger der Welt*

Dasjenige, was alles erkennt und von keinem erkannt wird, ist das *Subjekt.* Es ist sonach der Träger der Welt, die durchgängige, stets vorausgesetzte Bedingung alles Erscheinenden, alles Objekts, denn nur für das Subjekt ist, was nur immer da ist. Als dieses Subjekt findet jeder sich selbst, jedoch nur sofern er erkennt, nicht sofern er Objekt der Erkenntnis ist. Objekt ist aber schon sein Leib, welchen selbst wir daher von diesem Standpunkt aus Vorstellung nennen. Denn der Leib ist Objekt unter Objekten und den Gesetzen der Objekte unterworfen, obwohl er unmittelbares Objekt ist.

### *Den Eingang suchen*

Wir wollen die Bedeutung jener Vorstellungen wissen: wir fragen, ob diese Welt nichts weiter als Vorstellung sei; in welchem Falle sie wie ein wesenloser Traum oder ein gespensterhaftes Luftgebilde an uns vorüberziehn müßte, nicht unserer Beachtung wert;

oder aber ob sie noch etwas anderes, noch etwas außerdem ist, und was sodann dieses sei. Soviel ist gleich gewiß, daß dieses Nachgefragte etwas von der Vorstellung völlig und seinem ganzen Wesen nach Grundverschiedenes sein muß, dem daher auch ihre Formen und Gesetze völlig fremd sein müssen; daß man daher, von der Vorstellung aus, zu ihm nicht am Leitfaden derjenigen Gesetze gelangen kann, die nur Objekte, Vorstellungen unter einander verbinden; welches die Gestaltungen des Satzes vom Grunde sind. Wir sehn schon hier, daß von *außen* dem Wesen der Dinge nimmermehr beizukommen ist: wie immer man auch forschen mag, so gewinnt man nichts als Bilder und Namen. Man gleicht einem, der um ein Schloß herumgeht, vergeblich einen Eingang suchend und einstweilen die Fassaden skizzierend. Und doch ist dies der Weg, den alle Philosophen vor mir gegangen sind.

## *Das „Ding an sich“*

Man kann nur dadurch zum Ding an sich gelangen, daß man einmal den *Standpunkt verlegt*, nämlich statt wie bisher immer nur von dem auszugehn, was *vorstellt*, einmal ausgeht von dem, was *vorgestellt wird*. Dies ist jedem aber nur bei einem einzigen Dinge möglich, welches ihm auch von innen zugänglich und dadurch ihm auf zweifache Weise gegeben ist: es ist sein eigener Leib, der in der objektiven Welt eben auch als Vorstellung im Raume dasteht, zugleich aber sich dem eigenen *Selbstbewußtsein* als *Wille* kundgibt. Dadurch aber liefert er den Schlüssel aus, zunächst zum Verständnis aller seiner durch äußere Ursachen hervorgerufenen Aktionen und Bewegungen, welche ohne diese innere und unmittelbare Einsicht in ihr Wesen uns ebenso unverständlich und unerklärbar bleiben würden wie die nach Naturgesetzen und als Äußerungen der Naturkräfte eintretenden Veränderungen der uns in objektiver Anschauung allein gegebenen übrigen Körper, und sodann zu dem des bleibenden *Substrats* aller dieser Aktionen, in welchem die Kräfte zu denselben wurzeln – also dem Leibe selbst. Diese unmittelbare Erkenntnis, welche jeder vom Wesen seiner eigenen, ihm außerdem ebenfalls nur in der objektiven Anschauung . . . gegebenen Erscheinung hat, muß nachher auf die übrigen, in letzterer Weise allein gegebenen Erscheinungen analogisch übertragen werden, und wird alsdann der Schlüssel zur Erkenntnis des inneren Wesens der Dinge, d. h. der Dinge an sich selbst. Zu dieser also kann man nur gelangen auf einem von der rein *objektiven* Erkenntnis, welche bloße Vorstellung bleibt, ganz verschiedenen Wege, indem man nämlich das Selbstbewußtsein des immer nur als animalisches Individuum auftretenden Subjekts der Erkenntnis zur Hilfe nimmt und es zum Ausleger des *Bewußtseins anderer Dinge*, d. i. des anschauenden Intellekts, macht. Dies ist der Weg, den ich gegangen bin, und er ist der allein rechte, die enge Pforte zur Wahrheit.

### *Das Schlüsselwort Wille*

Es ist dem als Individuum erscheinenden Subjekt des Erkennens das Wort des Rätsels gegeben, und dieses Wort heißt *Wille*. Dieses, und dieses allein gibt ihm den Schlüssel zu seiner eigenen Erscheinung, offenbart ihm die Bedeutung, zeigt ihm das innere Getriebe seines Wesens, seines Tuns, seiner

Bewegungen. Dem Subjekt des Erkennens, welches durch seine Identität mit dem Leibe als Individuum auftritt, ist dieser Leib auf zwei ganz verschiedene Weisen gegeben: einmal als Vorstellung in verständiger Anschauung, als Objekt unter Objekten, und den Gesetzen dieser unterworfen, sodann aber auch zugleich auf eine ganz andere Weise, nämlich als jenes jedem unmittelbar Bekannte, welches das Wort *Wille* bezeichnet. Jeder wahre Akt seines Willens ist sofort und unausbleiblich auch eine Bewegung seines Leibes. Er kann den Akt nicht wirklich wollen, ohne zugleich wahrzunehmen, daß er als Bewegung des Leibes erscheint. Der Willensakt und die Aktion des Leibes sind nicht zwei objektiv erkannte verschiedene Zustände, die das Band der Kausalität verknüpft, stehn nicht im Verhältnis der Ursache und Wirkung, sondern sie sind eines und dasselbe, nur auf zwei gänzlich verschiedene Weisen gegeben: einmal ganz unmittelbar und einmal in der Anschauung für den Verstand. Die Aktion des Leibes ist nichts anderes als der objektivierte, d. h. in die Anschauung getretene Akt des Willens.

### *Ding an sich = Wille*

Der Kern und Hauptpunkt meiner Lehre, die eigentliche Metaphysik derselben, ist jene paradoxe Grundwahrheit, daß das, was *Kant* als *das Ding an sich* der bloßen *Erscheinung*, von mir entschiedener *Vorstellung* genannt, entgegensetzte und für schlechthin unerkennbar hielt, daß, sage ich, dieses Ding an sich, dieses Substrat aller Erscheinungen, mithin der ganzen Natur, nichts anderes ist als jenes uns unmittelbar Bekannte und sehr genau Vertraute, was wir im Innern unseres eigenen Selbst als *Willen* finden; daß demnach dieser *Wille*, weit davon entfernt, wie alle bisherigen Philosophen annahmen, von der *Erkenntnis* unzertrennlich und sogar ein bloßes Resultat derselben zu sein, von dieser, die ganz sekundär und späteren Ursprungs ist, grundverschieden und völlig unabhängig ist, folglich auch ohne sie bestehn und sich äußern kann, welches in der gesamten Natur, von der tierischen abwärts, wirklich der Fall ist; ja, daß dieser Wille, als das alleinige Ding an sich, das allein wahrhaft Reale, allein Ursprüngliche und Metaphysische, in einer Welt, wo alles übrige nur Erscheinung, d. h. bloße Vorstellung, ist, jedem Dinge, was immer es auch sein mag, die Kraft verleiht, vermöge deren es dasein und wirken kann; daß demnach nicht allein die willkürlichen Aktionen tierischer Wesen, sondern auch das organische Getriebe ihres belebten Leibes, sogar die Gestalt und Beschaffenheit desselben, ferner auch die Vegetation der Pflanzen und endlich selbst im unorganischen Reiche die Kristallisation und überhaupt jede ursprüngliche Kraft, die sich in physischen und chemischen Erscheinungen manifestiert, ja, die Schwere selbst – an sich und außer der Erscheinung, welches bloß heißt außer unserm Kopf und seiner Vorstellung, geradezu identisch sind mit dem, was wir in uns selbst als *Willen finden*, von welchem *Willen* wir die unmittelbarste und intimste Kenntnis haben, die überhaupt möglich ist; daß ferner die einzelnen Äußerungen dieses Willens in Bewegung gesetzt werden bei erkennenden, d. h. tierischen Wesen durch Motive, aber nicht minder im organischen Leben des Tieres und der Pflanze durch Reize, bei Unorganischen endlich durch bloße Ursachen im engsten Sinne des Worts; welche Verschiedenheit bloß die Erscheinung betrifft; daß hingegen die Erkenntnis und ihr Substrat, der Intellekt, ein vom Willen gänzlich verschiedenes, bloß sekundäres, nur die höheren Stufen der Objektivation des Willens begleitendes Phänomen sei, ihm selbst unwesentlich, von seiner Erscheinung im tierischen Organismus abhängig, daher physisch, nicht metaphysisch, wie er selbst; daß folglich nie von Abwesenheit der Erkenntnis geschlossen werden kann auf Abwesenheit des Willens, vielmehr dieser sich auch in allen Erscheinungen der erkenntnislosen, sowohl der vegetabilischen als der unorganischen Natur nachweisen läßt; also nicht, wie man bisher ohne Ausnahme annahm, Wille durch Erkenntnis bedingt sei, wiewohl Erkenntnis durch Wille.

## *Spinoza und der Stein*

Es bleibt uns nur noch der letzte Schritt zu tun übrig, die Ausdehnung unserer Betrachtungsweise auch auf alle jene Kräfte, welche in der Natur nach allgemeinen, unveränderlichen Gesetzen wirken, denen gemäß die Bewegungen aller der Körper erfolgen, welche, ganz ohne Organe, für den Reiz keine Empfänglichkeit und für das Motiv keine Erkenntnis haben. Wir müssen also den Schlüssel zum Verständnis des Wesens an sich der Dinge, welchen uns die unmittelbare Erkenntnis unsers eigenen Wesens allein geben konnte, auch an diese Erscheinungen der unorganischen Welt legen, die von allen im weitesten Abstande von uns stehn. – Wenn wir sie nun mit forschendem Blicke betrachten, wenn wir den gewaltigen, unaufhaltsamen Drang sehn, mit dem die Gewässer der Tiefe zueilen, die Beharrlichkeit, mit welcher der Magnet sich immer wieder zum Nordpol wendet, die Sehnsucht, mit dem das Eisen zu ihm fliegt, die Heftigkeit, mit welcher die Pole der Elektrizität zur Wiedervereinigung streben, und welche, gerade wie die der menschlichen Wünsche, durch Hindernisse gesteigert wird; wenn wir den Kristall schnell und plötzlich anschießen sehn, mit soviel Regelmäßigkeit der Bildung, die offenbar nur eine von Erstarrung ergriffene und festgehaltene ganz entschiedene und genau bestimmte Bestrebung nach verschiedenen Richtungen ist; wenn wir die Auswahl bemerken, mit der die Körper, durch den Zustand der Flüssigkeit in Freiheit gesetzt und den Banden der Starrheit entzogen, sich suchen und fliehn, vereinigen und trennen; wenn wir endlich ganz unmittelbar fühlen, wie eine Last, deren Streben zur Erdmasse unser Leib hemmt, auf diesen unablässig drückt und drängt, ihre einzige Bestrebung verfolgend – so wird es uns keine große Anstrengung der Einbildungskraft kosten, selbst aus so großer Entfernung unser eigenes Wesen wiederzuerkennen, jenes nämliche, das in uns beim Lichte der Erkenntnis seine Zwecke verfolgt, hier aber, in den schwächsten seiner Erscheinungen, nur blind, dumpf, einseitig und unveränderlich strebt, jedoch, weil es überall eines und dasselbe ist – so gut wie die erste Morgendämmerung mit den Strahlen des vollen Mittags den Namen des Sonnenlichts teilt –, auch hier wie dort den Namen Wille führen muß, welcher das bezeichnet, was das Sein an sich jedes Dinges in der Welt und der alleinige Kern jeder Erscheinung ist . . .

Spinoza sagt, daß der durch einen Stoß in die Luft fliegende Stein, wenn er Bewußtsein hätte, meinen würde, aus seinem eigenen Willen zu fliegen. Ich setze nur noch hinzu, daß der Stein recht hätte. Der Stoß ist für ihn, was für mich das Motiv, und was bei ihm als Kohäsion, Schwere, Beharrlichkeit im angenommenen Zustande erscheint, ist, dem innern Wesen nach, dasselbe, was ich in mir als Willen erkenne und was, wenn auch bei ihm die Erkenntnis hinzuträte, auch er als Willen erkennen würde. Spinoza, an jener Stelle, hatte sein Augenmerk auf die Notwendigkeit, mit welcher der Stein fliegt, gerichtet und will sie, mit Recht, übertragen auf die Notwendigkeit des einzelnen Willensaktes einer Person. Ich hingegen betrachte das innere Wesen, welches aller realen Notwendigkeit (d. i. Wirkung aus Ursache), als ihre Voraussetzung, erst Bedeutung und Gültigkeit erteilt, beim Menschen Charakter, beim Stein Qualität heißt, in beiden aber dasselbe ist, da wo es unmittelbar erkannt wird, Wille genannt, und welches im Stein den schwächsten, im Menschen den stärksten Grad der Sichtbarkeit, Objektität, hat.

## *„Geist und Natur“*

Unter philosophisch rohen Leuten, denen alle *die* beizuzählen sind, welche die Kantische Philosophie nicht studiert haben, folglich unter den meisten Ausländern, nicht weniger unter vielen heutigen Medizinern u. dgl. in Deutschland, welche getrost auf der Grundlage ihres Katechismus philosophieren, besteht noch der alte, grundfalsche Gegensatz zwischen *Geist und Materie.* Besonders aber haben die Hegelianer, infolge ihrer ausgezeichneten Unwissenheit und philosophischen Roheit, ihn, unter dem, aus der vorkantischen Zeit wieder hervorgeholten Namen „Geist und Natur“ von neuem in Gang gebracht, unter welchem sie ihn ganz naiv auftischen, als hätte es nie einen Kant gegeben und gingen wir noch, mit

Allongenperücken geziert, zwischen geschorenen Hecken umher, indem wir, wie Leibniz im Garten zu Herrenhausen (Leibn. ed. Erdmann p. 755) mit Prinzessinnen und Hofdamen philosophierten, über „Geist und Natur", unter letzterer die geschorenen Hecken, unter ersterem den Inhalt der Perücken verstehend. – Unter Voraussetzung dieses falschen Gegensatzes gibt es dann Spiritualisten und Materialisten. Letztere behaupten, die Materie bringe, durch ihre Form und Mischung, alles, folglich auch das Denken und Wollen im Menschen hervor; worüber denn die Erstern Zeter schreien, usw.

In Wahrheit aber gibt es weder Geist noch Materie, wohl aber viel Unsinn und Hirngespinste in der Welt. Das Streben der Schwere im Steine ist geradeso unerklärlich wie das Denken im menschlichen Gehirne, würde also, aus diesem Grunde, auch auf einen Geist im Steine schließen lassen. Ich würde daher zu jenen Disputanten sagen: ihr glaubt eine tote d. h. vollkommen passive und eigenschaftslose Materie zu erkennen, weil ihr alles das wirklich zu verstehn wähnt, was ihr auf *mechanische* Wirkung zurückzuführen vermögt. Aber wie die physikalischen und chemischen Wirkungen euch eingeständlich unbegreiflich sind, solange ihr sie nicht auf *mechanische* zurückzuführen wißt; geradeso sind diese *mechanischen* Wirkungen selbst, also die Äußerungen, welche aus der Schwere, der Undurchdringlichkeit, der Kohäsion, der Härte, der Starrheit, der Elastizität, der Fluidität usw. hervorgehn, ebenso geheimnisvoll, wie jene, ja, wie das Denken im Menschenkopf. Kann die Materie, ihr wißt nicht warum, zur Erde fallen: so kann sie auch, ihr wißt nicht warum, denken. Das wirklich rein und durch und durch, bis auf das Letzte, Verständliche in der

Mechanik geht nicht weiter, als das rein Mathematische in jeder Erklärung, ist also beschränkt auf Bestimmungen des Raumes und der Zeit. Nun sind aber diese beiden, samt ihrer ganzen Gesetzlichkeit, uns a priori bewußt, sind daher bloße Formen unsers Erkennens und gehören ganz allein unsern Vorstellungen an. Ihre Bestimmungen sind also im Grunde subjektiv und betreffen nicht das rein Objektive, das von unserer Erkenntnis Unabhängige, das Ding an sich selbst. Sobald wir aber, selbst in der Mechanik, weiter gehn als das rein Mathematische, sobald wir zur Undurchdringlichkeit, zur Schwere, zur Starrheit oder Fluidität oder Gaseität kommen, stehn wir schon bei Äußerungen, die uns ebenso geheimnisvoll sind wie das Denken und Wollen des Menschen, also beim direkt Unergründlichen: denn ein solches ist jede Naturkraft. Wo bleibt nun also jene *Materie*, die ihr so intim kennt und versteht, daß ihr alles aus ihr erklären, alles auf sie zurückführen wollt? – Rein begreiflich und ganz ergründlich ist immer nur das Mathematische; weil es das im Subjekt, in unserm eigenen Vorstellungsapparat, Wurzelnde ist: sobald aber etwas eigentlich Objektives auftritt, etwas nicht a priori Bestimmbares; da ist es auch sofort in letzter Instanz unergründlich. Was überhaupt Sinne und Verstand wahrnehmen, ist eine ganz oberflächliche Erscheinung, die das wahre und innere Wesen der Dinge unberührt läßt. Das wollte *Kant*. Nehmt ihr nun im Menschenkopfe, als Deum ex machina, einen *Geist* an; so müßt ihr, wie gesagt, auch jedem Stein einen *Geist* zugestehn. Kann hingegen eure tote und rein passive *Materie* als Schwere streben, oder als Elektrizität anziehn, abstoßen und Funken schlagen; so kann sie auch als Gehirnbrei denken. Kurz, jedem angeblichen Geist kann man Materie, aber auch jeder Materie Geist unterlegen; woraus sich ergibt, daß der Gegensatz falsch ist.

Also nicht jene Cartesianische Einteilung aller Dinge in Geist und Materie ist die philosophisch richtige; sondern die in Wille und Vorstellung ist es: diese aber geht mit jener keinen Schritt parallel. Denn sie vergeistigt alles, indem sie einerseits auch das dort ganz Reale und Objektive, den Körper, die Materie, in die Vorstellung verlegt, und andererseits das Wesen an sich einer jeden Erscheinung auf Willen zurückführt.

Kein Sieg ohne Kampf: indem die höhere Idee oder Willensobjektivation nur durch Überwältigung der niedrigeren hervortreten kann, erleidet sie den Widerstand dieser, welche, wenngleich zur Dienstbarkeit gebracht, doch immer noch streben, zur unabhängigen und vollständigen Äußerung ihres Wesens zu gelangen. Wie der Magnet, der ein Eisen gehoben hat, einen fortdauernden Kampf mit der Schwere unterhält, welche, als die niedrigste Objektivation des Willens, ein ursprünglicheres Recht auf die Materie jenes Eisens hat, in welchem steten Kampf der Magnet sich sogar stärkt, indem der Widerstand ihn gleichsam zu größerer Anstrengung reizt; ebenso unterhält jede und auch die Willenserscheinung, welche sich im menschlichen Organismus darstellt, einen dauernden Kampf gegen die vielen physischen und chemischen Kräfte, welche, als niedrigere Ideen, ein früheres Recht auf jene Materie haben ...

So sehn wir in der Natur überall Streit, Kampf und Wechsel des Sieges, und werden eben darin weiterhin die dem Willen wesentliche *Entzweiung* mit sich selbst deutlicher erkennen. Jede Stufe der Objektivation des Willens macht der andern die

Materie, den Raum, die Zeit streitig. Beständig muß die beharrende Materie die Form wechseln, indem, am Leitfaden der Kausalität, mechanische, physische, chemische, organische Erscheinungen, sich gierig zum Hervortreten drängend, einander die Materie entreißen, da jede ihre Idee offenbaren will. Durch die gesamte Natur läßt sich dieser Streit verfolgen, ja, sie besteht eben wieder nur durch ihn: ... ist doch dieser Streit selbst nur die Offenbarung der dem Willen wesentlichen Entzweiung mit sich selbst.

### *Der Wille: in jedem ganz und ungeteilt*

Man hat auf mancherlei Weise versucht, die unermeßliche Größe des Weltgebäudes der Fassungskraft eines jeden näherzubringen und dann Anlaß zu erbaulichen Betrachtungen daher gewonnen, wie etwa über die relative Kleinheit der Erde und gar des Menschen, dann wieder im Gegensatz hiervon über die Größe des Geistes in diesem so kleinen Menschen, der jene Weltgröße herausbringen, begreifen, ja messen kann und dergleichen mehr. Alles gut! Inzwischen ist mir bei Betrachtung der Unermeßlichkeit der Welt das Wichtigste dieses, daß das Wesen an sich, dessen Erscheinung die Welt ist – was immer es auch sein möchte –, doch nicht sein wahres Selbst solchergestalt im grenzenlosen Raum auseinandergezogen und zerteilt haben kann, sondern diese unendliche Ausdehnung ganz allein seiner Erscheinung angehört, es selbst hingegen in jeglichem Dinge der Natur, in jedem Lebenden, ganz und ungeteilt gegenwärtig ist. Daher eben man nichts verliert, wenn man bei irgendeinem Einzelnen stehen bleibt und auch die wahre Weisheit nicht dadurch zu erlangen ist, daß man die grenzenlose

Welt ausmißt oder, was noch zweckmäßiger wäre, den endlosen Raum persönlich durchflöge, sondern vielmehr dadurch, daß man irgendein einzelnes ganz erforscht, indem man das wahre und eigentliche Wesen desselben vollkommen erkennen und verstehn zu lernen sucht.

## *Der Ruf „Ich will"*

Sieh dich doch um! Was da ruft „Ich, ich, ich will dasein", das bist du nicht allein, sondern alles, durchaus alles, was nur eine Spur von Bewußtsein hat. Folglich ist dieser Wunsch in dir gerade das, was *nicht* individuell ist, sondern allen ohne Unterschied gemein. Er entspringt nicht aus der Individualität, sondern aus dem Dasein überhaupt, ist jedem, das da ist, wesentlich, ja ist das, *wodurch* es da ist, und wird demgemäß befriedigt durch das Dasein überhaupt, auf welches allein er sich bezieht; nicht aber ausschließlich durch irgendein bestimmtes, individuelles Dasein, da er auf ein solches gar nicht gerichtet ist, obgleich es jedesmal den Schein hiervon hat, weil er nicht anders als in einem individuellen Wesen zum Bewußtsein gelangen kann und deshalb jedesmal auf dieses allein sich zu beziehen scheint. Dies ist jedoch ein bloßer Schein, an welchem zwar die Befangenheit des Individuums klebt, den aber die Reflexion zerstören und uns davon befreien kann. Was nämlich so ungestüm das Dasein verlangt, ist bloß *mittelbar* das Individuum; unmittelbar und eigentlich ist es der Wille zum Leben überhaupt, welcher in allen einer und derselben ist.

## *Wille ist nicht Willkür*

Vor allen Dingen muß man Wille von Willkür zu unterscheiden wissen und einsehn, daß jener ohne diese bestehn kann, was freilich meine ganze Philosophie voraussetzt. Willkür heißt der Wille da, wo ihn die Erkenntnis beleuchtet und daher Motive, also Vorstellungen, die ihn bewegenden Ursachen sind. Dies heißt, objektiv ausgedrückt, wo die Einwirkung von außen, welche den Akt verursacht, durch ein *Gehirn* vermittelt ist.

## *Das Radikal der Seele*

Der Grundzug meiner Lehre, welcher sie zu allen je dagewesenen in Gegensatz stellt, ist die gänzliche Sonderung des Willens von der Erkenntnis, welche beide alle mir vorhergegangenen Philosophen als unzertrennlich, ja, den Willen als durch die Erkenntnis, die der Grundstoff unsers geistigen Wesens sei, bedingt und sogar meistens als eine bloße Funktion derselben angesehn haben. Jene Trennung aber, jene Zersetzung des so lange unteilbar gewesenen Ichs oder Seele in zwei heterogene Bestandteile ist für die Philosophie das, was die Zersetzung des Wassers für die Chemie gewesen ist; wenn dies auch erst spät erkannt werden wird. Bei mir ist das Ewige und Unzerstörbare im Menschen, welches daher auch das Lebensprinzip in ihm ausmacht, nicht die Seele, sondern, mir einen chemischen Ausdruck zu gestatten, das Radikal der Seele, und dieses ist der Wille. Die sogenannte Seele ist schon zusammengesetzt: sie ist die Verbindung des Willens mit dem Intellekt. Dieser Intellekt ist das Sekundäre, ist das posterius des Organismus und, als eine bloße Gehirnfunktion, durch diesen bedingt. Der Wille hingegen ist primär, ist das Prius des Organismus und dieser durch ihn bedingt. Denn der Wille ist dasjenige Wesen an sich, welches erst in der Vorstellung (jener bloßen Gehirnfunktion) sich als ein solcher organischer Leib darstellt: nur vermöge der Formen der Erkenntnis (oder Gehirnfunktion), also nur in der Vorstellung, ist der Leib eines jeden ihm als ein Ausgedehntes, Gegliedertes, Organisches gegeben, nicht außerdem, nicht unmittelbar im Selbstbewußtsein. Wie die Aktionen des Leibes nur die in der Vorstellung sich abbildenden einzelnen Akte des Willens sind, so ist auch ihr Substrat, die Gestalt dieses Leibes, sein Bild im Ganzen: daher ist in allen organischen Funktionen des Leibes, ebensogut wie in seinen äußern Aktionen, der Wille das agens.

## *Der Intellekt ist unvollkommen*

Unser Selbstbewußtsein hat nicht den Raum, sondern allein die Zeit zur Form: deshalb geht unser Denken nicht wie unser Anschauen nach drei Dimensionen vor sich, sondern bloß nach einer, also auf einer Linie, ohne Breite und Tiefe. Hieraus entspringt die größte der wesentlichen Unvollkommenheiten unseres Intellekts. Wir können nämlich alles nur sukzessive erkennen und nur Eines zur Zeit uns bewußt werden, ja auch dieses Einen nur unter der Bedingung, daß wir derweilen alles andere vergessen, also uns desselben gar nicht bewußt sind, mithin es solange aufhört, für uns dazusein. In dieser Eigenschaft ist unser Intellekt einem Teleskop mit einem sehr engen Gesichtsfelde zu vergleichen; weil eben unser Bewußtsein kein stehendes, sondern ein fließendes ist. Der Intellekt apprehendiert nämlich nur sukzessiv und muß, um das eine zu ergreifen, das andere fahren lassen, nichts als die Spuren von ihm zurücklassend, welche immer schwächer werden. Der Gedanke, der mich jetzt lebhaft beschäftigt, muß mir nach einer kurzen Weile ganz entfallen sein: tritt nun noch eine wohl durchschlafene Nacht dazwischen, so kann es kommen, daß ich ihn nie wiederfinde; es sei denn, daß er an mein persönliches Interesse, d.h. an meinen Willen geknüpft wäre, als welcher stets das Feld behauptet.

Auf dieser Unvollkommenheit des Intellekts beruht das Rhapsodische und oft Fragmentarische unseres Gedankenlaufs, und aus diesem entsteht die unvermeidliche Zerstreuung unsers Denkens . . .

## *Im Ungewissen vor der Geworfenheit des Lebens*

Wie sehr beschränkt und dürftig der normale menschliche Intellekt sei und wie gering die Klarheit des Bewußtseins, läßt sich daran ermessen, daß, ungeachtet der ephemeren Kürze des in endlose Zeit hineingeworfenen Menschenlebens, der Mißlichkeit unseres Daseins, der zahllosen, sich überall aufdringenden Rätsel, des bedeutsamen Charakters so vieler Erscheinungen und dabei des durchweg Ungenügenden des Lebens – dennoch nicht alle beständig und unablässig philosophieren, ja, nicht einmal viele, oder auch nur einige, nur wenige; nein, nur hin und wieder einer, nur die gänzlichen Ausnahmen. – Die übrigen leben in diesem Traum dahin, nicht so gar viel anders als die Tiere, von denen sie sich am Ende nur durch die Vorsorge auf einige Jahre im voraus unterscheiden. Für das sich bei ihnen etwa meldende metaphysische Bedürfnis ist von oben und zum voraus gesorgt, durch die Religionen; und diese, wie sie auch seien, genügen. – Indessen könnte es doch sein, daß im stillen viel mehr philosophiert wird, als es den Anschein hat; wenn es gleich auch danach ausfallen mag. Denn wahrhaftig eine mißliche Lage ist die unsrige! eine Spanne Zeit zu leben, voll Mühe, Not, Angst und Schmerz, ohne im mindesten zu wissen woher, wohin und wozu, und dabei nun noch die Pfaffen aller Farben, mit ihren respektiven *Offenbarungen* über die Sache, nebst Drohungen gegen Ungläubige.

## *Der Intellekt – Diener des Willens*

Was für ein unbändiges Roß Zügel und Gebiß ist, das ist für den Willen im Menschen der Intellekt: an diesem Zügel muß er gelenkt werden, mittels Belehrung, Ermahnung, Bildung usw.; da er an sich selbst ein so wilder, ungestümer Drang ist, wie die Kraft, die im herabstürzenden Wasserfall erscheint – ja, wie wir wissen, im tiefsten Grunde identisch mit dieser. Im höchsten Zorn, im Rausch, in der Verzweiflung, hat er das Gebiß zwischen die Zähne genommen, ist durchgegangen und folgt seiner ursprünglichen Natur. In der Mania sine delirio [Wahnsinn ohne Tobsucht] hat er Zaum und Gebiß ganz verloren und zeigt nun am deutlichsten sein ursprüngliches Wesen und daß der Intellekt so verschieden von ihm ist wie der Zaum vom Pferde: auch kann man ihn in diesem Zustande der Uhr vergleichen, welche nach Wegnahme einer gewissen Schraube unaufhaltsam abschnurrt.

## *Dumm und schlecht*

Ist einer *dumm*, so entschuldigt man ihn damit, daß er nicht dafür kann: aber wollte man den der *schlecht* ist, eben damit entschuldigen, so würde man ausgelacht werden. Und doch ist das eine wie das andere angeboren. Dies beweist, daß der Wille der eigentliche Mensch ist, der Intellekt bloß sein Werkzeug.

Alle Religionen verheißen für die Vorzüge des Willens oder Herzens einen Lohn jenseits des Lebens, in der Ewigkeit; keine aber für die Vorzüge des Kopfes, des Verstandes. Die Tugend erwartet ihren Lohn in jener Welt; die Klugheit hofft ihn in dieser; das Genie weder in dieser noch in jener: es ist sein eigener Lohn. Demnach ist der Wille der ewige Teil, der Intellekt der zeitliche.

## *Verschwundene Probleme*

Wir klagen über die Dunkelheit, in der wir dahinleben, ohne den Zusammenhang des Daseins im Ganzen, zumal aber den unsers eigenen Selbst mit dem Ganzen zu verstehn; so daß nicht nur unser Leben kurz, sondern auch unsre Erkenntnis ganz auf dasselbe beschränkt ist; da wir weder über die Geburt zurück noch über den Tod hinaus sehn können, mithin unser Bewußtsein gleichsam nur ein Blitz ist, der augenblicklich die Nacht erhellt; demnach es wahrlich aussieht, als ob ein Dämon heimtückisch alles weitere Wissen uns verbaut hätte, um sich an unserer Verlegenheit zu weiden.

Diese Klage ist aber eigentlich nicht berechtigt: denn sie entsteht aus einer Illusion, welche herbeigeführt wird durch die falsche Grundansicht, daß das Ganze der Dinge von einem *Intellekt* ausgegangen, folglich als bloße *Vorstellung* dagewesen sei, ehe es wirklich geworden; wonach es, als aus der Erkenntnis entsprungen, auch der Erkenntnis ganz zugänglich, ergründlich und durch sie erschöpfbar sein müßte. – Aber, der Wahrheit nach, möchte es vielmehr sich so verhalten, daß alles das, was wir nicht zu wissen uns beklagen, von niemandem gewußt werde, ja wohl gar an sich selbst gar nicht wißbar, d. h. nicht vorstellbar, sei. Denn die *Vorstellung*, in deren Gebiet alles Erkennen liegt und auf die daher alles Wissen sich bezieht, ist nur die äußere Seite des Daseins, ein Sekundäres, Hinzugekommenes, nämlich etwas, das nicht zur Erhaltung der Dinge überhaupt, also des Weltganzen, nötig war, sondern bloß zur Erhaltung der einzelnen tierischen Wesen. Daher tritt das Dasein der Dinge überhaupt und im Ganzen nur per accidens, mithin sehr beschränkter Weise, in die Erkenntnis: es bildet nur den Hintergrund des Gemäldes im animalischen Bewußtsein, als wo die Objekte des Willens das Wesentliche sind und den ersten Rang einnehmen. Nun entsteht zwar, mittels dieses Accidens, die ganze Welt in Raum und Zeit, d. h. die Welt als Vorstellung, als welche außerhalb der Erkenntnis ein derartiges Dasein gar nicht hat; deren inneres Wesen hingegen, das an sich Existierende, von einem solchen Dasein aber auch ganz unabhängig ist. Da nun also, wie gesagt, die Erkenntnis nur zum Behuf der Erhaltung jedes tierischen Individui da ist; so ist auch ihre ganze Beschaffenheit, alle ihre Formen, wie Zeit, Raum usw. bloß auf die Zwecke eines solchen eingerichtet: diese nun erfordern bloß die Erkenntnis von Verhältnissen zwischen einzelnen Erscheinungen, keineswegs aber die vom Wesen der Dinge und dem Weltganzen.

Kant hat nachgewiesen, daß die Probleme der Metaphysik, welche jeden, mehr oder weniger, beunruhigen, keiner direkten, überhaupt keiner genügenden Lösung fähig seien. Dies nun aber beruht im letzten Grunde darauf, daß sie ihren Ursprung in den Formen unsers Intellekts, Zeit, Raum und Kausalität, haben, während dieser Intellekt bloß die Bestimmung hat, dem individuellen Willen seine Motive vorzuschieben, d. h. die Gegenstände seines Wollens, nebst den Mitteln und Wegen, sich ihrer zu bemächtigen, ihm zu zeigen. Wird jedoch dieser Intellekt abusive auf das Wesen an sich der Dinge, auf das Ganze und den Zusammenhang der Welt gerichtet; so gebären die besagten, ihm anhängenden Formen des Neben-, Nach- und Durcheinander aller irgend möglichen Dinge ihm die metaphysischen Probleme, wie etwa vom Ursprung und Zweck, Anfang und Ende der Welt und des eigenen Selbst, von der Vernichtung dieses durch den Tod, oder dessen Fortdauer trotz demselben, von der Freiheit des Willens u. dgl. m. – Denken wir uns nun aber jene Formen einmal aufgehoben und dennoch ein Bewußtsein von den Dingen vorhanden; so würden diese Probleme nicht etwa gelöst, sondern ganz verschwunden sein und ihr Ausdruck keinen Sinn mehr haben. Denn sie entspringen ganz und gar aus jenen Formen, mit denen es gar nicht auf ein Verstehn der Welt und des Daseins, sondern bloß auf ein Verstehn unserer persönlichen Zwecke abgesehn ist.

## IV. ZWEI GESCHLIFFENE GLÄSER

### *Zeit und Raum*

Sehr passend stellt Kant seine Untersuchungen über Zeit und Raum an die Spitze aller andern. Denn dem spekulativen Geiste drängen sich vor allen diese Fragen auf: was ist die *Zeit?* was ist dies Wesen, das aus lauter Bewegung besteht, ohne etwas, das sich bewegt? – und was der *Raum?* dieses allgegenwärtige Nichts, aus welchem kein Ding herauskann, ohne aufzuhören etwas zu sein?

### *Was ist die Zeit?*

Wir können die Zeit einem endlos drehenden Kreise vergleichen: die stets sinkende Hälfte wäre die Vergangenheit, die stets steigende die Zukunft, oben aber der unteilbare Punkt, der die Tangente berührt, wäre die ausdehnungslose Gegenwart ..., der Berührungspunkt des Objekts, dessen Form die Zeit ist, mit dem Subjekt, das keine Form hat, weil es nicht zum Erkennbaren gehört, sondern Bedingung alles Erkennbaren ist. Oder: die Zeit gleicht einem unaufhaltsamen Strom und die Gegenwart einem Felsen, an dem sich jener bricht, aber nicht ihn mit fortreißt.

### *Die Form des inneren Sinnes*

Daß die Zeit überall und in allen Köpfen vollkommen gleichmäßig fortläuft, ließe sich sehr wohl begreifen, wenn dieselbe etwas rein Äußerliches, Objektives, durch die Sinne Wahrnehmbares wäre wie die Körper. Aber das ist sie nicht: wir können sie nicht sehn noch tasten. Auch ist sie keineswegs die bloße Bewegung oder sonstige Veränderung der Körper: diese vielmehr ist *in* der Zeit, welche also von ihr schon als Bedingung vorausgesetzt wird: denn die Uhr geht zu schnell oder zu langsam, aber nicht mit ihr die Zeit, sondern das Gleichmäßige und Normale, worauf jenes Schnell und Langsam sich bezieht, ist der wirkliche Lauf der Zeit. Die Uhr *mißt* die Zeit; aber sie *macht* sie nicht. Wenn alle Uhren stehnblieben, wenn die Sonne selbst stillstände, wenn alle und jede Bewegung oder Veränderung stockte; so würde dies doch den Lauf der Zeit keinen Augenblick hemmen, sondern sie würde ihren gleichmäßigen Gang fortsetzen und nun, ohne von Veränderungen begleitet zu sein, verfließen. Dabei ist sie dennoch, wie gesagt, nichts Wahrnehmbares, nichts äußerlich Gegebenes und auf uns Einwirkendes, also kein eigentlich Objektives. Da bleibt eben nichts übrig, als daß sie in uns liege, unser eigener, ungestört fortschreitender, mentaler Prozeß, oder, wie Kant es sagt, die Form des innern Sinnes und alles unsers Vorstellens sei; mithin das unterste Grundgerüst der Schaubühne dieser objektiven Welt ausmache. Jene Gleichmäßigkeit ihres Laufes in allen Köpfen beweist mehr als irgend etwas, daß wir alle in denselben Traum versenkt sind, ja daß es *ein* Wesen ist, welches ihn träumt.

Die Zeit ist diejenige Einrichtung unseres Intellekts, vermöge welcher das, was wir als das Zukünftige auffassen, jetzt gar nicht zu existieren scheint; welche Täuschung jedoch verschwindet, wenn die Zukunft zur Gegenwart geworden ist.

In Wahrheit ist das beständige Entstehn neuer Wesen und Zunichtewerden der vorhandenen anzusehn als eine Illusion, hervorgebracht durch den Apparat zweier geschliffener Gläser (Gehirnfunktionen), durch die allein wir etwas sehn können: sie heißen Raum und Zeit, und in ihrer Wechseldurchdringung Kausalität. Denn alles, was wir unter diesen Bedingungen wahrnehmen, ist bloße Erscheinung; nicht aber erkennen wir die Dinge, wie sie an sich selbst, d. h. unabhängig von unserer Wahrnehmung, sein mögen.

## *Unter der Maske des Raumes*

Bisweilen glauben wir, uns nach einem fernen *Orte* zurückzusehnen, während wir eigentlich uns nur nach der *Zeit* zurücksehnen, die wir dort verlebt haben, da wir jünger und frischer waren. So täuscht uns alsdann die Zeit unter der Maske des Raumes. Reisen wir hin, so werden wir der Täuschung inne.

Der einleuchtendste und zugleich einfachste Beweis der Idealität des Raumes ist, daß wir den Raum nicht, wie alles andere, in Gedanken aufheben können. Bloß ausleeren können wir ihn: alles, alles, alles können wir aus dem Raume wegdenken, es verschwinden lassen, können uns auch sehr wohl vorstellen, der Raum zwischen den Fixsternen sei absolut leer und dgl. mehr. Nur den *Raum selbst* können wir auf keine Weise los werden: was wir auch tun, wohin wir uns auch stellen mögen: er ist da und hat nirgends ein Ende: denn er liegt allem unserm Vorstellen zum Grunde und ist die erste Bedingung desselben. Dies beweist ganz sicher, daß er *unserm Intellekt selbst angehört,* ein integrierender Teil desselben ist und zwar der, welcher den ersten Grundfaden zum Gewebe desselben, auf welches danach die bunte Objekten-Welt aufgetragen wird, liefert.

### *Am Leitfaden der Kausalität*

Ursache und Wirkung sind die zu notwendiger Sukzession in der Zeit verknüpften *Veränderungen:* die Naturkräfte hingegen, vermöge welcher alle Ursachen wirken, sind von allem Wechsel ausgenommen, daher in diesem Sinne außer aller Zeit, ebendeshalb aber stets und überall vorhanden, allgegenwärtig und unerschöpflich, immer bereit, sich zu äußern, sobald nur, am Leitfaden der Kausalität, die Gelegenheit dazu eintritt. Die Ursache ist allemal, wie auch ihre Wirkung, ein einzelnes, eine einzelne Veränderung: die Naturkraft hingegen ist ein Allgemeines, Unveränderliches, zu aller Zeit und überall Vorhandenes.

## V. DER STUFENBAU DER WIRKLICHKEIT

### *Die Welt als Spiegel des Willens*

Allem zufolge weiß der Wille, wo ihn Erkenntnis beleuchtet, stets was er jetzt, was er hier will, nie aber, was er überhaupt will. Jeder einzelne Akt hat einen Zweck, das gesamte Wollen keinen. Eben wie jede einzelne Naturerscheinung zu ihrem Eintritt an diesem Ort, zu dieser Zeit, durch eine zureichende Ursache bestimmt wird, nicht aber die in ihr sich manifestierende Kraft überhaupt eine Ursache hat, da solche Erscheinungsstufe des „Dinges an sich", des grundlosen Willens ist. – Die einzige Selbsterkenntnis des Willens im ganzen aber ist die Vorstellung im ganzen, die gesamte anschauliche Welt. Sie ist seine Objektität, seine Offenbarung, sein Spiegel.

### *Der Wille zum Leben*

Jeder Blick auf die Welt, welche zu erklären die Aufgabe des Philosophen ist, bestätigt und bezeugt, daß *Wille zum Leben,* weit entfernt, eine beliebige Hypothese oder gar ein leeres Wort zu sein, der allein wahre Ausdruck ihres innersten Wesens ist. Alles drängt und treibt zum *Dasein,* womöglich zum *organischen,* d. i. zum Leben, und danach zur möglichsten Steigerung desselben. An der tierischen Natur wird es dann augenscheinlich, daß *Wille zum Leben* der Grundton ihres Wesens, die einzige unwandelbare und unbedingte Eigenschaft desselben ist. Man betrachte diesen universellen Lebensdrang, man sehe die unendliche Bereitwilligkeit, Leichtigkeit und Üppigkeit, mit welcher der Wille zum Leben unter Millionen Formen überall und jeden Augenblick mittels Befruchtungen und Keimen, ja wo diese mangeln, mittels generatio aequivoca [Urzeugung], sich ungestüm ins Dasein drängt, jede Gelegenheit ergreifend, jeden lebensfähigen Stoff begierig an sich reißend. Und dann wieder werfe man einen Blick auf den entsetzlichen Alarm und wilden Aufruhr desselben, wann er in irgendeiner einzelnen Erscheinung aus dem Dasein weichen soll; zumal wo dieses bei deutlichem Bewußtsein eintritt. Da ist es nicht anders, als ob in dieser einzigen Erscheinung die ganze Welt auf immer vernichtet werden sollte, und das ganze Wesen eines so bedrohten Lebenden verwandelt sich sofort in das verzweifeltste Sträuben und Wehren gegen den Tod. Man sehe z. B. die unglaubliche Angst eines Menschen in Lebensgefahr, die schnelle und so ernstliche Teilnahme jedes Zeugen derselben und den grenzenlosen Jubel nach der Rettung. Man sehe das starre Entsetzen, mit welchem ein Todesurteil vernommen wird, das tiefe Grausen, mit welchem wir die Anstalten zu dessen Vollziehung erblicken, und das herzzerreißende Mitleid, welches uns bei dieser selbst ergreift. Da sollte man glauben, daß es sich um etwas ganz anderes handelt, als bloß um einige Jahre weniger einer leeren, traurigen durch Plagen jeder Art verbitterten und stets ungewissen Existenz; vielmehr müßte man denken, daß wunder was daran gelegen sei, ob einer etliche Jahre früher dahin gelangt, wo er nach einer ephemeren Existenz Billionen Jahre zu sein hat. – An solchen Erscheinungen also wird sichtbar, daß ich mit Recht als das nicht weiter Erklärliche, sondern jeder Erklärung zugrunde zu Legende, den *Willen zum Leben* gesetzt habe, und daß dieser, weit entfernt, wie das Absolutum, das Unendliche, die Idee und ähnliche Ausdrücke mehr, ein leerer Wortschwall zu sein, das Allerrealste ist, was wir kennen, ja der Kern der Realität selbst.

## *Die Einheit des Willensaktes*

Wollen wir das Wirken der Natur verstehn, so müssen wir dies nicht durch Vergleichung mit unsern Werken versuchen. Das wahre Wesen jeder Tiergestalt ist ein außer der Vorstellung, mithin auch ihren Formen Raum und Zeit, gelegener Willensakt, der eben deshalb kein Nach- und Nebeneinander kennt, sondern die unteilbarste Einheit hat. Erfaßt nun aber unsre zerebrale Anschauung jene Gestalt und zerlegt gar das anatomische Messer ihr Inneres, so tritt an das Licht der Erkenntnis, was ursprünglich und an sich dieser und ihren Gesetzen fremd ist, in ihr aber nun auch ihren Formen und Gesetzen gemäß sich darstellen muß. Die ursprüngliche Einheit und Unteilbarkeit jenes Willensaktes, dieses wahrhaft metaphysischen Wesens, erscheint nun auseinandergezogen in ein Nebeneinander von Teilen und Nacheinander von Funktionen, die aber dennoch sich darstellen als genau verbunden durch die engste Beziehung aufeinander zu wechselseitiger Hilfe und Unterstützung, als Mittel und Zweck gegenseitig. Der dies so apprehendierende Verstand gerät in Bewunderung über die tiefdurchdachte Anordnung der Teile und Kombination der Funktionen, weil er die Art, wie er die aus der Vielheit (welche seine Erkenntnisform erst herbeigeführt hat) sich wiederherstellende ursprüngliche Einheit wieder gewahr wird, auch der Entstehung dieser Tierform unwillkürlich unterschiebt.

## *Organ und Umwelt*

Jedes Organ ist anzusehn als der Ausdruck einer universalen, d. h. ein für allemal gemachten Willensäußerung, einer fixierten Sehnsucht, eines Willensaktes nicht des Individuums, sondern der Spezies. Jede Tiergestalt ist eine von den Umständen hervorgerufene Sehnsucht des Willens zum Leben: z. B. ihn ergriff die Sehnsucht, auf Bäumen zu leben, an ihren Zweigen zu hängen, von ihren Blättern zu zehren, ohne Kampf mit andern Tieren und ohne je den Boden zu betreten: dieses Sehnen stellt sich, endlose Zeit hindurch, dar in der Gestalt (platonischen Idee) des Faultiers. Gehn kann es fast gar nicht, weil es nur auf Klettern berechnet ist: hilflos auf dem Boden, ist es behend auf den Bäumen und sieht selbst aus wie ein bemooster Ast, damit kein Verfolger seiner gewahr werde ...

Demnach mußte jede Erscheinung sich den Umgebungen, in die sie eintrat, anpassen, diese aber wieder auch jener, wenn solche gleich in der Zeit eine viel spätere Stelle einnimmt; und überall sehn wir diesen consensus naturae [diese Übereinstimmung der Natur]. Angemessen darum ist jede Pflanze ihrem Boden und Himmelsstrich, jedes Tier seinem Element und der Beute, die seine Nahrung werden soll, ist auch irgendwie einigermaßen geschützt gegen seinen natürlichen Verfolger; angemessen ist das Auge dem Licht und seiner Brechbarkeit, die Lunge und das Blut der Luft, die Schwimmblase dem Wasser, das Auge des Seehundes dem Wechsel seines Mediums, die wasserhaltigen Zellen im Magen des Kamels der Dürre afrikanischer Wüsten, das Segel des Nautilus dem Winde, der sein Schiffchen treiben soll, und so bis auf die speziellsten und erstaunlichsten äußern Zweckmäßigkeiten herab ...

Wer sieht nicht, daß die Gestalt des Ameisenbären sich zu den Termiten verhält wie ein Willensakt zu seinem Motiv? ... Der Hals der Vögel wie der Quadrupeden [Vierfüßer] ist in der Regel so lang wie ihre Beine, damit sie ihr Futter von der Erde erreichen können; aber bei den Schwimmvögeln oft viel länger, weil diese schwimmend ihre Nahrung unter der Wasserfläche hervorholen. Sumpfvögel haben unmäßig hohe Beine, um waten zu können, ohne zu ertrinken oder naß zu werden, und demgemäß Hals und Schnabel sehr lang, letzteren stark oder schwach, je nachdem er Reptilien, Fische oder Gewürme zu zermalmen hat, und dem entsprechen auch stets die Eingeweide: dagegen haben die Sumpfvögel weder Krallen wie die Raubvögel noch Schwimmhäute wie die Enten: denn die lex parsimoniae naturae [das Gesetz der Sparsamkeit der Natur] gestattet kein überflüssiges Organ. Gerade dieses Gesetz, zusammengenommen damit, daß andererseits keinem Tier je ein Organ abgeht, welches seine Lebensweise erfordert, sondern alle, auch die verschiedenartigsten, übereinstimmen und wie berechnet sind auf eine ganz speziell bestimmte Lebensweise, auf das Element, in welchem sein Raub sich aufhält, auf das Verfolgen, auf das Besiegen, auf das Zermalmen und Verdauen desselben, beweist, daß die Lebensweise, die das Tier, um seinen Unterhalt zu finden, führen wollte, es war, die seinen Bau bestimmte – nicht aber umgekehrt; und daß die Sache gerade so ausgefallen ist, wie wenn eine Erkenntnis der Lebensweise und ihrer äußeren Bedingungen dem Bau vorausgegangen wäre und jedes Tier demgemäß sich sein Rüstzeug ausgewählt hätte, ehe es sich verkörperte; nicht anders als wie ein Jäger, ehe er ausgeht, sein gesamtes Rüstzeug, Flinte, Schrot, Pulver, Jagdtasche, Hirschfänger und Kleidung gemäß dem Wilde wählt, welches er erlegen will: er schießt nicht auf die wilde Sau, weil er eine Büchse trägt, sondern er nahm die Büchse und nicht die Vogelflinte, weil er auf wilde Säue ausging: und der Stier stößt nicht, weil er eben Hörner hat, sondern weil er stoßen will, hat er Hörner. Nun kommt aber, den Beweis zu ergänzen, noch hinzu, daß bei vielen Tieren, während sie noch im Wachstum begriffen sind, die Willensbestrebung, der ein Glied dienen soll, sich äußert, ehe noch das Glied selbst vorhanden ist, und also sein Gebrauch seinem Dasein vorhergeht. So stoßen junge Böcke, Widder, Kälber mit dem bloßen Kopf, ehe sie noch Hörner haben: der junge Eber haut an den Seiten um sich, während die Hauer, welche der beabsichtigten Wirkung entsprächen, noch fehlen; hingegen braucht er nicht die kleineren Zähne, welche er schon im Maule hat und mit denen er wirklich beißen könnte. Also seine Verteidigungsart richtet sich nicht nach der vorhandenen Waffe, sondern umgekehrt ...

Wir erhalten hierdurch die vollkommene Gewißheit, daß der Wille nicht durch ein Hinzugekommenes, etwa aus der Erkenntnis Hervorgegangenes die Werkzeuge benutzt, die er gerade vorfindet, die Teile gebraucht, weil eben sie und keine andern da sind, sondern daß das erste und ursprüngliche das Streben ist, auf diese Weise zu leben, auf solche Art zu kämpfen; welches Streben sich darstellt nicht nur im Gebrauch, sondern schon im Dasein der Waffe, so sehr, daß jener oft diesem vorhergeht und dadurch anzeigt, daß, weil das Streben da ist, die Waffe sich einstellt, nicht umgekehrt: und so mit jedem Teil überhaupt ...

Man betrachte die zahllosen Gestalten der Tiere. Wie ist doch jedes durchweg nur das Abbild seines Wollens, der sichtbare Ausdruck der Willensbestrebungen, die seinen Charakter ausmachen. Von dieser Verschiedenheit der Charaktere ist die der Gestalten bloß das Bild. Die reißenden, auf Kampf und Raub gerichteten Tiere stehn mit furchtbarem Gebiß und Klauen und mit starken Muskeln da: ihr Gesicht dringt in die Ferne, zumal wenn sie wie Adler und Kondor aus schwindelnder Höhe ihre Beute zu erspähen haben. Die furchtsamen, welche ihr Heil nicht im Kampfe, sondern in der Flucht zu suchen den Willen haben, sind statt aller Waffen mit leichten schnellen Beinen und scharfem Gehör aufgetreten, welches beim furchtsamsten unter ihnen, dem Hasen, sogar die auffallende Verlängerung des äußeren Ohres erfordert hat. Dem Äußern entspricht das Innere: die Fleischfresser haben kurze Gedärme, die Grasfresser lange, zu einem längern Assimilationsprozeß; großer Muskelkraft und Irritabilität sind starke Respiration und rascher Blutumlauf, durch angemessene Organe repräsentiert, als notwendige Bedingungen beigesellt; und ein Widerspruch ist nirgends möglich. Jedes besondere Streben des Willens stellt sich in einer besonderen Modifikation der Gestalt dar. *Daher bestimmte der Aufenthaltsort der Beute die Gestalt des Verfolgers:* hat nun jene sich in schwer zugängliche Elemente, in ferne Schlupfwinkel, in Nacht und Dunkel zurückgezogen, so nimmt der Verfolger die dazu passende Gestalt an, und da ist keine so grotesk, daß nicht der Wille zum Leben, um seinen Zweck zu erreichen, darin aufträte.

## *Die Objektivationen des Willens*

So sehn wir in der Natur überall Streit, Kampf und Wechsel des Sieges, und werden eben darin weiterhin die dem Willen wesentliche Entzweiung mit sich selbst deutlicher erkennen. Jede Stufe der Objektivation des Willens macht der andern die Materie, den Raum, die Zeit streitig. Beständig muß die beharrende Materie die Form wechseln, indem, am Leitfaden der Kausalität, mechanische, physische, chemische, organische Erscheinungen, sich gierig zum Hervortreten drängend, einander die

Materie entreißen, da jede ihre Idee offenbaren will. Durch die gesamte Natur läßt sich dieser Streit verfolgen, ja, sie besteht eben wieder nur durch ihn: ει γαρ μη ην το νεικος εν τοις πραγμασιν, ἓν αν ην ἁπαντα, ὡς φησιν Εμπεδοκλης [denn wenn kein Streit zwischen den Dingen wäre, wäre alles eins, wie Empedokles sagte] (Arist. Metaph. B., 5): ist doch dieser Streit selbst nur die Offenbarung der dem Willen wesentlichen Entzweiung mit sich selbst. Die deutlichste Sichtbarkeit erreicht dieser allgemeine Kampf in der Tierwelt, welche die Pflanzenwelt zu ihrer Nahrung hat, und in welcher selbst wieder jedes Tier die Beute und Nahrung eines andern wird, d. h. die Materie, in welcher seine Idee sich darstellte, zur Darstellung einer andern abtreten muß, indem jedes Tier sein Dasein nur durch die beständige Aufhebung eines fremden erhalten kann; sodaß der Wille zum Leben durchgängig an sich selber zehrt und in verschiedenen Gestalten seine eigene Nahrung ist, bis zuletzt das Menschengeschlecht, weil es alle anderen überwältigt, die Natur für ein Fabrikat zu seinem Gebrauch ansieht, dasselbe Geschlecht jedoch auch, wie wir an anderer Stelle sehn werden, in sich selbst jenen Kampf, jene Selbstentzweiung des Willens zur furchtbarsten Deutlichkeit offenbart, und homo homini lupus [der Mensch dem Menschen ein Wolf] wird. Inzwischen werden wir denselben Streit, dieselbe Überwältigung ebensowohl auf den niedrigen Stufen der Objektität des Willens wiedererkennen. Viele Insekten (besonders die Ichneumoniden) legen ihre Eier auf die Haut, ja in den Leib der Larven anderer Insekten, deren langsame Zerstörung das erste Werk der auskriechenden Brut ist. Der junge Armpolyp, der aus dem alten als ein Zweig herauswächst und sich später von ihm abtrennt, kämpft, während er noch an jenem festsitzt, schon mit ihm um die sich darbietende Beute, so daß einer sie dem andern aus dem Maule reißt. In dieser Art liefert aber das grellste Beispiel die Bulldogs-Ameise (bull-dog-ant) in Australien: nämlich wenn man sie durchschneidet, beginnt ein Kampf zwischen dem Kopf- und dem Schwanzteil: jener greift diesen mit seinem Gebiß an, und dieser wehrt sich tapfer, durch Stechen auf jenen: der Kampf pflegt eine halbe Stunde zu dauern, bis sie sterben, oder von andern Ameisen weggeschleppt werden. Der Vorgang findet jedesmal statt. An den Ufern des Missouri sieht man bisweilen eine mächtige Eiche von einer riesenhaften wilden Weinrebe, am Stamm und allen Ästen, so umwunden, gefesselt und geschnürt, daß sie, wie erstickt, verwelken muß. Dasselbe zeigt sich sogar auf den niedrigsten Stufen, z. B. wo durch organische Assimilation Wasser und Kohle in Pflanzensaft, oder Pflanze oder Brot in Blut verwandelt wird, und so überall, wo mit Beschränkung der chemischen Kräfte auf eine untergeordnete Wirkungsart animalische Sekretion vor sich geht; dann auch in der unorganischen Natur, wann z. B. anschießende Kristalle sich begegnen, kreuzen und gegenseitig so stören, daß sie nicht die rein auskristallisierte Form zeigen können, wie denn fast jede Druse das Abbild eines solchen Streites des Willens auf jener so niedrigen Stufe seiner Objektivation ist; oder auch wann ein Magnet dem Eisen die Magnetizität aufzwingt, um seine Idee auch hier darzustellen; oder auch wann der Galvanismus die Wahlverwandtschaften überwältigt, die festesten Verbindungen zersetzt, die chemischen Gesetze so sehr aufhebt, daß die Säure eines am negativen Pol zersetzten Salzes zum positiven Pol muß, ohne mit den Alkalien, durch die sie unterwegs geht, sich verbinden oder nur den Lakmus, welchen sie antrifft, röten zu dürfen. Im großen zeigt es sich in dem Verhältnis zwischen Zentralkörper und Planet: dieser, obgleich in entschiedener Abhängigkeit, widerstrebt noch immer, gleichwie die chemischen Kräfte im Organismus; woraus dann die beständige Spannung zwischen Zentripetal- und Zentrifugalkraft hervorgeht, welche das Weltgebäude in Bewegung erhält und selbst schon ein Ausdruck ist jenes allgemeinen der Erscheinung des Willens wesentlichen Kampfes, den wir eben betrachten. Denn da jeder Körper als Erscheinung eines Willens angesehn werden muß, Wille aber notwendig als ein Streben sich darstellt; so kann der ursprüngliche Zustand jedes zur Kugel geballten Weltkörpers nicht Ruhe sein, sondern Bewegung, Streben vorwärts in den unendlichen Raum, ohne Rast und Ziel. Diesem steht weder das Gesetz der Trägheit noch das der Kausalität entgegen: denn da, nach jenem, die Materie als solche gegen Ruhe und Bewegung gleichgültig ist, so kann Bewegung, so gut wie Ruhe, ihr ursprünglicher Zustand sein; daher, wenn wir sie in Bewegung vorfinden, wir ebensowenig berechtigt sind vorauszusetzen, daß derselben ein Zustand der Ruhe vorhergegangen sei, und nach der Ursache des Eintritts der Bewegung zu fragen, als umgekehrt, wenn wir sie in Ruhe fänden, wir eine dieser vorhergegangene Bewegung voraussetzen und nach der Ursache ihrer Aufhebung zu fragen hätten. Daher ist kein erster Anstoß für die Zentrifugalkraft zu suchen, sondern sie ist, bei den Planeten, nach Kants und Laplaces Hypothese, Überbleibsel der ursprünglichen Rotation des Zentralkörpers, von welchem jene sich, bei dessen Zusammenziehung, getrennt haben. Diesem selbst aber ist Bewegung wesentlich: er rotiert noch immer und fliegt zugleich dahin im endlosen Raum oder zirkuliert vielleicht um einen größern, uns unsichtbaren Zentralkörper. Diese Ansicht stimmt gänzlich überein mit der Mutmaßung der Astronomen von einer Zentralsonne, wie auch mit dem wahrgenommenen Fortrücken unseres ganzen Sonnensystems, vielleicht auch des ganzen Sternhaufens, dem unsere Sonne angehört, daraus endlich auf ein allgemeines Fortrücken aller Fixsterne mitsamt der Zentralsonne zu schließen ist, welches freilich im unendlichen Raum alle Bedeutung verliert (da Bewegung im absoluten Raum von der Ruhe sich nicht unterscheidet) und eben hiedurch, wie schon unmittelbar durch das Streben und Fliegen ohne Ziel, zum Ausdruck jener Nichtigkeit, jener Ermangelung eines letzten Zwekkes wird, welche wir, am Schlusse dieses Buches, dem Streben des Willens in allen seinen Erscheinungen werden zuerkennen müssen; daher eben auch wieder endloser Raum und endlose Zeit die allgemeinsten und wesentlichsten Formen seiner gesamten Erscheinung sein mußten, als welche sein ganzes Wesen auszudrücken da ist. – Wir können endlich den in Betrachtung genommenen Kampf aller Willenserscheinungen gegeneinander sogar schon in der bloßen Materie, als solcher betrachtet, wiedererkennen, sofern nämlich das Wesen ihrer Erscheinung von Kant richtig ausgesprochen ist als Repulsiv- und Attraktivkraft; so daß schon sie nur in einem Kampf entgegenstrebender Kräfte ihr Dasein hat. Abstrahieren wir von aller chemischen Verschiedenheit der Materie oder denken uns in der Kette der Ursachen und Wirkungen so weit zurück, daß noch keine chemische Differenz da ist; so bleibt uns die bloße Materie, die Welt zu einer Kugel geballt, deren Leben, d.h. Objektivation des Willens, nun jener Kampf zwischen Attraktions- und Repulsionskraft ausmacht, jene als Schwere, von allen Seiten zum Zentrum drängend, diese als Undurchdringlichkeit, sei es durch Starrheit oder Elastizität, jener widerstrebend, welcher stete Drang und Widerstand als die Objektität des Willens auf der alleruntersten Stufe betrachtet werden kann und schon dort dessen Charakter ausdrückt.

So sehen wir denn hier, auf der untersten Stufe, den Willen sich darstellen als einen blinden Drang, ein finsteres, dumpfes Treiben, fern von aller unmittelbaren Erkennbarkeit. Es ist die einfachste und schwächste Art seiner Objektivation. Als solcher blinder Drang und erkenntnisloses Streben erscheint er aber noch in der ganzen unorganischen Natur, in allen den ursprünglichen Kräften, welche aufzusuchen und ihre Gesetze kennenzulernen, Physik und Chemie beschäftigt sind und jede von welchen sich uns in Millionen ganz gleichartiger und gesetzmäßiger, keine Spur von individuellem Charakter ankündigender Erscheinungen darstellt, sondern bloß vervielfältigt durch Zeit und Raum, d. i. durch das principium individuationis, wie ein Bild durch die Facetten eines Glases vervielfältigt wird.

Von Stufe zu Stufe sich deutlicher objektivierend, wirkt dennoch auch im Pflanzenreich, wo nicht mehr eigentliche Ursachen, sondern Reize das Band seiner Erscheinungen sind, der Wille doch noch völlig erkenntnislos, als finstere treibende Kraft, und so endlich auch noch im vegetativen Teil der tierischen Erscheinung, in der Hervorbringung und Ausbildung jedes Tieres und in der Unterhaltung der innern Ökonomie desselben, wo immer nur noch bloße Reize seine Erscheinung notwendig bestimmen. Die immer höher stehenden Stufen der Objektität des Willens führen endlich zu dem Punkt, wo das Individuum, welches die Idee darstellt, nicht mehr durch bloße Bewegung auf Reize seine zu assimilierende Nahrung erhalten konnte; weil solcher Reiz abgewartet werden muß, hier aber die Nahrung eine spezieller bestimmte ist, und bei der immer mehr angewachsenen Mannigfaltigkeit der Erscheinungen das Gedränge und Gewirre so groß geworden ist, daß sie einander stören, und der Zufall, von dem das durch bloße Reize bewegte Individuum seine Nahrung erwarten muß, zu ungünstig sein würde. Die Nahrung muß daher aufgesucht, ausgewählt werden, von dem Punkt an, wo das Tier dem Ei oder Mutterleibe, in welchem es erkenntnislos vegetierte, sich entwunden hat. Dadurch wird hier die Bewegung auf Motive und wegen dieser die Erkenntnis notwendig, welche also eintritt als ein auf dieser Stufe der Objektivation des Willens erfordertes Hülfsmittel, μηχανη [Hilfsmittel], zur Erhaltung des Individuums und Fortpflanzung des Geschlechts. Sie tritt hervor, repräsentiert durch das Gehirn oder ein größeres Ganglion, eben wie jede andere Bestrebung oder Bestimmung des sich objektivierenden Willens durch ein Organ repräsentiert ist, d.h. für die Vorstellung sich als ein Organ darstellt. – Allein mit diesem Hülfsmittel, dieser μηχανη, steht nun, mit einem Schlage, die *Welt als Vorstellung* da, mit allen ihren Formen, Objekt und Subjekt, Zeit, Raum, Vielheit und Kausalität. Die Welt zeigt jetzt die zweite Seite. Bisher bloß *Wille,* ist sie nun zugleich *Vorstellung,* Objekt des erkennenden Subjekts. Der Wille, der bis hieher im Dunkeln, höchst sicher und unfehlbar, seinen Trieb verfolgte, hat sich auf dieser Stufe ein Licht angezündet, als ein Mittel, welches notwendig wurde, zur Aufhebung des Nachteils, der aus dem Gedränge und der komplizierten Beschaffenheit seiner Erscheinungen eben den vollendetesten erwachsen würde. Die bisherige unfehlbare Sicherheit und Gesetzmäßigkeit, mit welcher er in der unorganischen und bloß vegetativen Natur wirkte, beruhte darauf, daß er allein in seinem ursprünglichen Wesen, als blinder Drang, Wille, tätig war, ohne Beihülfe, aber auch ohne Störung von einer zweiten, ganz andern Welt, der Welt als Vorstellung, welche zwar nur das Abbild seines eigenen Wesens, aber doch ganz anderer Natur ist und jetzt eingreift in den Zusammenhang seiner Erscheinungen. Dadurch hört nunmehr die unfehlbare Sicherheit derselben auf. Die Tiere sind schon dem Schein, der Täuschung ausgesetzt. Sie haben indessen bloß anschauliche Vorstellungen, keine Begriffe, keine Reflexion, sind daher an die Gegenwart gebunden, können nicht die Zukunft berücksichtigen. – Es scheint, als ob diese vernunftlose Erkenntnis nicht in allen Fällen hinreichend zu ihrem Zweck gewesen sei und bisweilen gleichsam einer Nachhülfe bedurft habe. Denn es bietet sich uns die sehr merkwürdige Erscheinung dar, daß das blinde Wirken des Willens und das von der Erkenntnis erleuchtete, in zwei Arten von Erscheinungen, auf eine höchst überraschende Weise, eines in das Gebiet des andern hinübergreifen. Einmal nämlich finden wir, mitten unter dem von der anschaulichen Erkenntnis und ihren Motiven geleiteten Tun der Tiere, ein ohne diese, also mit der Notwendigkeit des blind wirkenden Willens vollzogenes, in den Kunsttrieben, welche, durch kein Motiv noch Erkenntnis geleitet, das Ansehn haben, als brächten sie ihre Werke sogar auf abstrakte, vernünftige Motive zustande. Der andere, diesem entgegengesetzte Fall ist der, wo umgekehrt das Licht der Erkenntnis in die Werkstätte des blind wirkenden Willens eindringt und die vegetativen Funktionen des menschlichen Organismus beleuchtet: im magnetischen Hellsehn. – Endlich nun da, wo der Wille zum höchsten Grade seiner Objektivation gelangt ist, reicht die den Tieren aufgegangene Erkenntnis des Verstandes, dem die Sinne die Data liefern, woraus bloße Anschauung, die an die Gegenwart gebunden ist, hervorgeht, nicht mehr zu: das komplizierte, vielseitige, bildsame, höchst bedürftige und unzähligen Verletzungen ausgesetzte Wesen, der Mensch, mußte, um bestehn zu können, durch eine doppelte Erkenntnis erleuchtet werden, gleichsam eine höhere Potenz der anschaulichen Erkenntnis mußte zu dieser hinzutreten, eine Reflexion jener: die Vernunft als das Vermögen abstrakter Begriffe. Mit dieser war Besonnenheit da, enthaltend Überblick der Zukunft und Vergangenheit, und, infolge derselben, Überlegung, Sorge, Fähigkeit des prämeditierten, von der Gegenwart unabhängigen Handelns, endlich auch völlig deutliches Bewußtsein der eigenen Willensentscheidungen als solcher. Trat nun schon mit der bloß anschauenden Erkenntnis die Möglichkeit des Scheines und der Täuschung ein, wodurch die vorige Unfehlbarkeit im erkenntnislosen Treiben des Willens aufgehoben wurde, deshalb Instinkt und Kunsttrieb, als erkenntnislose Willensäußerungen, mitten unter den von Erkenntnis geleiteten, ihm zu Hülfe kommen mußten: so geht mit dem Eintritt der Vernunft jene Sicherheit und Untrüglichkeit der Willensäußerungen (welche am andern Extrem, in der unorganischen Natur, sogar als strenge Gesetzmäßigkeit erscheint) fast ganz verloren: der Instinkt tritt völlig zurück, die Überlegung, welche jetzt alles ersetzen soll, gebiert Schwanken und Unsicherheit: der Irrtum wird möglich, welcher in vielen Fällen die adäquate Objektivation des Willens durch Taten hindert. Denn wenn gleich der Wille schon im Charakter seine bestimmte und unveränderliche Richtung genommen hat, welcher entsprechend das Wollen selbst unfehlbar, nach Anlaß der Motive, eintritt; so kann doch der Irrtum die Äußerungen desselben verfälschen, indem dann Wahnmotive gleich wirklichen einfließen und diese aufheben*): so z. B. wenn Superstition eingebildete Motive unterschiebt, die den Menschen zu einer Handlungsweise zwingen, welche der Art, wie sein Wille unter den vorhandenen Umständen sich sonst äußern würde, gerade entgegengesetzt ist: Agamemnon schlachtet seine Tochter; ein Geizhals spendet Almosen, aus reinem Egoismus, in der Hoffnung dereinstiger hundertfacher Wiedererstattung usf.

### *Die niedrigste Stufe: die Naturkräfte*

Als die niedrigste Stufe der Objektivation des Willens stellen sich die allgemeinsten Kräfte der Natur dar, welche teils in jeder Materie ohne Ausnahme erscheinen, wie Schwere, Undurchdringlichkeit, teils sich untereinander in die überhaupt vorhandene Materie geteilt haben, so daß einige über diese, andere über jene eben dadurch spezifisch verschiedene Materie herrschen, wie Starrheit, Flüssigkeit, Elastizität, Elektrizität, Magnetismus, chemische Eigenschaften und Qualitäten jeder Art. Sie sind an sich unmittelbare Erscheinungen des Willens, so gut wie das Tun des Menschen, sind als solche grundlos wie der Charakter des Menschen, nur ihre einzelnen Erscheinungen sind dem Satz vom Grund unterworfen, wie die Handlungen des Menschen, sie

*) Die Scholastiker sagten daher recht gut: Causa finalis movet non secundum suum esse reale, sed secundum esse cognitum.
Der letzte Grund bewegt sich nicht gemäß seinem realen Sein, sondern gemäß seinem Erkanntsein.

selbst hingegen können niemals weder Wirkung noch Ursache heißen, sondern sind die vorhergegangenen und vorausgesetzten Bedingungen aller Ursachen und Wirkungen, durch welche ihr eigenes Wesen sich entfaltet und offenbart.

## *Pflanze, Tier und Mensch*

Das Leben der Pflanzen geht auf im bloßen *Dasein.* Demnach ist sein Genuß ein rein und absolut subjektives, dumpfes Behagen. Bei den Tieren tritt Erkenntnis hinzu, doch bleibt sie gänzlich auf Motive, und zwar die nächsten, beschränkt. Daher finden auch sie im bloßen Dasein ihre volle Befriedigung, und es reicht zu, ihr Leben auszufüllen. Sie können demnach viele Stunden ganz untätig zubringen, ohne Unbehagen oder Ungeduld zu empfinden, obschon sie nicht denken, sondern bloß anschauen. Nur in den allerklügsten Tieren, wie Hunden und Affen, macht sich schon das Bedürfnis der Beschäftigung und somit die Langeweile fühlbar, daher sie gern spielen, auch wohl sich mit Gaffen nach den Vorübergehenden unterhalten, wodurch sie schon in eine Klasse mit den menschlichen Fenstergaffern treten, die uns allerorten entgegenstarren.

## *Das Erkennen: Charakter der Tierheit*

Erinnern wir uns, daß bei den Tieren das Erkenntnisvermögen, wie jedes andere Organ, nur zum Behuf ihrer Erhaltung eingetreten ist und daher in genauem und unzählige Stufen zulassendem Verhältnis zu den Bedürfnissen jeder Tierart steht, dann werden wir begreifen, daß die Pflanze, da sie so sehr viel weniger Bedürfnisse hat als das Tier, endlich gar keiner Erkenntnis mehr bedarf. Dieserhalb eben ist das Erkennen wegen der dadurch bedingten Bewegung auf Motive der wahre und die wesentliche Grenze bezeichnende Charakter der Tierheit.

### *Vom Gattungscharakter zum Individualcharakter*

Auf den obern Stufen der Objektivität des Willens sehen wir die Individualität bedeutend hervortreten, besonders beim Menschen, als die große Verschiedenheit individueller Charaktere, d. h. als vollständige Persönlichkeit, schon äußerlich ausgedrückt durch stark gezeichnete individuelle Physiognomie, welche die gesamte Korporisation mitbegreift. Diese Individualität hat bei weitem in solchem Grade kein Tier, sondern nur die obern Tiere haben einen Anstrich davon, über den jedoch der Gattungscharakter noch ganz und gar vorherrscht, und eben deshalb auch nur wenig Individualphysiognomie. Je weiter abwärts, desto mehr verliert sich jede Spur von Individualcharakter in den allgemeinen der Spezies, deren Physiognomie auch allein übrigbleibt.

### *Der Mensch ein animal metaphysicum*

Den Menschen ausgenommen, wundert sich kein Wesen über sein eigenes Dasein, sondern ihnen allen versteht dasselbe sich so sehr von selbst, daß sie es nicht bemerken. Aus der Ruhe des Blickes der Tiere spricht noch die Weisheit der Natur, weil in ihnen der Wille und der Intellekt noch nicht weit genug auseinandergetreten sind, um bei ihrem Wiederbegegnen sich übereinander verwundern zu können. So hängt hier die ganze Erscheinung noch fest am Stamme der Natur, dem sie entsprossen, und ist der unbewußten Allwissenheit der großen Mutter teilhaft. — Erst nachdem das innere Wesen der Natur (der Wille zum Leben in seiner Objektivation) sich durch die beiden Reiche der bewußtlosen Wesen und dann durch die lange und breite Reihe der Tiere rüstig und wohlgemut gesteigert hat, gelangt es endlich beim Eintritt der Vernunft, also im Menschen, zum ersten Male zur Besinnung. Dann wundert es sich über seine eigenen Werke und fragt sich, was es selbst sei. Seine Verwunderung ist aber um so ernstlicher, als es hier zum ersten Male mit Bewußtsein dem Tode gegenübersteht und neben der Endlichkeit alles Daseins auch die Vergeblichkeit alles Strebens sich ihm mehr oder minder aufdringt. Mit dieser Besinnung und dieser Verwunderung entsteht daher das dem Menschen allein eigene *Bedürfnis einer Metaphysik.* Er ist sonach ein animal metaphysicum.

## *Keine Sicherheit für ihn*

Der Mensch, als die vollkommenste Objektivation des Willens zum Leben, ist auch das bedürftigste unter allen Wesen. Er ist konkretes Wollen und Bedürfen durch und durch, ist ein Konkrement [eine Zusammenballung] von tausend Bedürfnissen. Mit diesen steht er auf der Erde, sich selber überlassen, über alles in Ungewißheit, nur nicht über seine Bedürftigkeit und seine Not. Demgemäß füllt die Sorge für die Erhaltung jenes Daseins unter so schweren, sich jeden Tag von neuem meldenden

Forderungen in der Regel das ganze Menschenleben aus. An sie knüpft sich sodann unmittelbar die zweite Anforderung, die der Fortpflanzung des Geschlechts. Zugleich bedrohen ihn von allen Seiten die verschiedenartigsten Gefahren, denen zu entgehn es beständiger Wachsamkeit bedarf. Mit behutsamem Schritt und ängstlichem Umherspähen verfolgt er seinen Weg; denn tausend Zufälle und tausend Feinde lauern ihm auf. So ging er in der Wildnis, und so geht er im zivilisierten Leben. Es gibt für ihn keine Sicherheit.

## VI. DAS RAD DES IXION STEHT STILL

### *Frei vom Willensdrang*

Alles *Wollen* entspringt aus Bedürfnis, also aus Mangel, also aus Leiden. Diesem macht die Erfüllung ein Ende; jedoch gegen einen Wunsch, der erfüllt wird, bleiben wenigstens zehn versagt: ferner, das Begehren dauert lange, die Forderungen gehn ins Unendliche; die Erfüllung ist kurz und kärglich gemessen. Sogar aber ist die endliche Befriedigung selbst nur scheinbar: der erfüllte Wunsch macht gleich einem neuen Platz: jener ist ein erkannter, dieser ein noch unerkannter Irrtum. Dauernde, nicht mehr weichende Befriedigung kann kein erlangtes Objekt des Wollens geben: sondern es gleicht immer nur dem Almosen, das dem Bettler zugeworfen, sein Leben heute fristet, um seine Qual auf morgen zu verlängern. — Darum nun, solange unser Bewußtsein von unserm Willen erfüllt ist, solange wir dem Drange der Wünsche, mit seinem steten Hoffen und Fürchten, hingegeben sind, solange wir Subjekt des Wollens sind, wird uns nimmermehr dauerndes Glück noch Ruhe. Ob wir jagen oder fliehen, Unheil fürchten oder nach Genuß streben, ist im wesentlichen einerlei: die Sorge für den stets fordernden Willen, gleichviel in welcher Gestalt, erfüllt und bewegt fortdauernd das Bewußtsein; ohne Ruhe aber ist durchaus kein wahres Wohlsein möglich. So liegt das Subjekt des Wollens beständig auf dem drehenden Rade des Ixion, schöpft immer im Siebe der Danaiden, ist der ewig schmachtende Tantalus.

Wann aber äußerer Anlaß oder innere Stimmung uns plötzlich aus dem endlosen Strome des Wollens heraushebt, die Erkenntnis dem Sklavendienste des Willens entreißt, die Aufmerksamkeit nun nicht mehr auf die Motive des Wollens gerichtet wird, sondern die Dinge frei von ihrer Beziehung auf den Willen auffaßt, also ohne Interesse, ohne Subjektivität, rein objektiv sie betrachtet, ihnen ganz hingegeben, sofern sie bloß Vorstellungen, nicht sofern sie Motive sind: dann ist die auf jenem ersten Wege des Wollens immer gesuchte, aber immer entfliehende Ruhe mit einem Male von selbst eingetreten, und uns ist völlig wohl. Es ist der schmerzenslose Zustand, den Epikuros als das höchste Gut und als den Zustand der Götter pries: denn wir sind, für jenen Augenblick, des schnöden Willensdranges entledigt, wir feiern den Sabbat der Zuchthausarbeit des Wollens, das Rad des Ixion steht still . . .

So viel leistet ganz allein die innere Kraft eines künstlerischen Gemütes: aber erleichtert und von außen befördert wird jene rein objektive Gemütsstimmung durch entgegenkommende Objekte, durch die zu ihrem Anschauen einladende, ja sich aufdringende Fülle der schönen Natur. Ihr gelingt es, sooft sie mit einem Male unserm Blicke sich auftut, fast immer, uns, wenn auch nur auf Augenblicke, der Subjektivität, dem Sklavendienste des Willens zu entreißen und in den Zustand des reinen Erkennens zu versetzen. Darum wird auch der von Leidenschaften oder Not und Sorge Gequälte durch einen einzigen Blick in die Natur so plötzlich erquickt, erheitert und aufgerichtet: der Sturm der Leidenschaften, der Drang des Wunsches und der Furcht und alle Qual des Wollens sind dann sogleich auf eine wundervolle Art beschwichtigt. Denn in dem Augenblicke, wo wir, vom Wollen losgerissen, uns dem reinen willenlosen Erkennen hingegeben haben, sind wir gleichsam in eine andere Welt getreten, wo alles, was unsern Willen bewegt und dadurch uns so heftig erschüttert, nicht mehr ist. Jenes Freiwerden der Erkenntnis hebt uns aus dem allen ebenso sehr und ganz heraus, wie der Schlaf und der Traum: Glück und Unglück sind verschwunden: wir sind nicht mehr das Individuum, es ist vergessen, sondern nur noch reines Subjekt der Erkenntnis: wir sind nur noch da als das *eine* Weltauge, was aus allen erkennenden Wesen blickt, im Menschen allein aber völlig frei vom Dienste des Willens werden kann, wodurch aller Unterschied der Individualität so gänzlich verschwindet, daß es alsdann einerlei ist, ob das schauende Auge einem mächtigen König oder einem gepeinigten Bettler angehört. Denn weder Glück noch Jammer wird über jene Grenze mit hinübergenommen. So nahe liegt uns beständig ein Gebiet, auf welchem wir allem unserm Jammer gänzlich entronnen sind; aber wer hat die Kraft, sich lange darauf zu erhalten? Sobald irgendeine Beziehung eben jener also rein angeschauten Objekte zu unserm Willen, zu unserer Person, wieder ins Bewußtsein tritt, hat der

Zauber ein Ende: wir fallen zurück in die Erkenntnis, welche der Satz vom Grunde beherrscht, erkennen nun nicht mehr die Idee, sondern das einzelne Ding, das Glied einer Kette, zu der auch wir gehören, und wir sind allem unserm Jammer wieder hingegeben.

## *Erkennen wird Selbstzweck*

Nur wo der Intellekt schon das notwendige Maß überschreitet, wird das Erkennen, mehr oder weniger, Selbstzweck. Demnach ist es eine ganz abnorme Begebenheit, wann, in irgendeinem Menschen, der Intellekt seine natürliche Bestimmung, also den Dienst des Willens und demgemäß die Auffassung der bloßen Relationen der Dinge, verläßt, um sich rein objektiv zu beschäftigen. Aber eben dies ist der Ursprung der Kunst, der Poesie und der Philosophie, welche also durch ein Organ hervorgebracht werden, das ursprünglich nicht für sie bestimmt ist. Der Intellekt nämlich ist von Hause aus ein sauerer Arbeit obliegender Manufakturlöhnling, den sein vielfordernder Herr, der Wille, vom Morgen bis in die Nacht beschäftigt hält. Kommt aber dennoch dieser getriebene Fronknecht einmal dazu, in einer Feierstunde, ein Stück von seiner Arbeit freiwillig, aus eigenem Antrieb und ohne Nebenabsicht, bloß zu eigener Befriedigung und Ergötzung zu verfertigen – dann ist dies ein echtes Kunstwerk, ja, wenn hoch getrieben, ein Werk des Genies.

## *Das intellektuelle Leben der Menschheit*

Jenem rein intellektuellen Leben des einzelnen entspricht ein ebensolches des Ganzen der Menschheit, deren *reales* Leben ja ebenfalls im Willen liegt, sowohl seiner empirischen als seiner transzendenten Bedeutung nach. Dieses rein intellektuelle Leben der Menschheit besteht in ihrer fortschreitenden Erkenntnis mittels der Wissenschaften und in der Vervollkommnung der Künste, welche beide, Menschenalter und Jahrhunderte hindurch, sich langsam fortsetzen, und zu denen ihren Beitrag liefernd, die einzelnen Geschlechter vorübereilen. Dieses intellektuelle Leben schwebt wie eine ätherische Zugabe, ein sich aus der Gärung entwickelnder wohlriechender Duft über dem weltlichen Treiben, dem eigentlich realen, vom Willen geführten Leben der Völker, und neben der Weltgeschichte geht schuldlos und nicht blutbefleckt die Geschichte der Philosophie, der Wissenschaft und der Künste.

Nur die innere Bedeutsamkeit gilt in der Kunst: die äußere gilt in der Geschichte.

## *Wissenschaften und Künste*

Dem Faden der Begebenheiten geht die *Geschichte* nach: sie ist pragmatisch, sofern sie dieselben nach dem Gesetze der Motivation ableitet, welches Gesetz den erscheinenden Willen da bestimmt, wo er von der Erkenntnis beleuchtet ist. Auf den niedrigeren Stufen seiner Objektität, wo er noch ohne Erkenntnis wirkt, betrachtet die Gesetze der Veränderungen seiner Erscheinungen die *Naturwissenschaft* als Ätiologie, und das Bleibende an ihnen als Morphologie, welche ihr fast unendliches Thema sich durch Hilfe der Begriffe erleichtert, das Allgemeine zusammenfassend, um das Besondere daraus abzuleiten. Endlich die bloßen Formen, in welchen, für die Erkenntnis des Subjekts als Individuum, die Ideen zur Vielheit auseinandergezogen erscheinen, also Zeit und Raum, betrachtet die *Mathematik*. Diese alle, deren gemeinsamer Name *Wissenschaft* ist, gehn also dem Satz vom Grunde in seinen verschiedenen Gestaltungen nach, und ihr Thema bleibt die Erscheinung, deren Gesetze, Zusammenhang und daraus entstehende Verhältnisse. – Welche Erkenntnisart nun aber betrachtet jenes außer und unabhängig von aller Relation bestehende, allein eigentlich Wesentliche der Welt, den wahren Gehalt ihrer Erscheinungen, das keinem Wechsel Unterworfene und daher für alle Zeit mit gleicher Wahrheit Erkannte, mit einem Wort, die *Ideen*, welche die unmittelbare und adäquate Objektität des Dinges an sich, des Willens, sind? – Es ist die *Kunst*, das Werk des Genius. Sie wiederholt die durch reine Kontemplation aufgefaßten ewigen Ideen, das Wesentliche und Bleibende aller Erscheinungen der Welt, und je nachdem der Stoff ist, in welchem sie wiederholt, ist sie bildende Kunst, Poesie oder Musik. Ihr einziger Ursprung ist die Erkenntnis der Ideen; ihr einziges Ziel Mitteilung dieser Erkenntnis. – Während die Wissenschaft, dem rast- und bestandlosen Strom vierfach gestalteter Gründe und Folgen nachgehend, bei jedem erreichten Ziel immer wieder weitergewiesen wird und nie ein letztes Ziel noch völlige Befriedigung finden kann, so wenig als man durch Laufen den Punkt erreicht, wo die Wolken den Horizont berühren; so ist dagegen die Kunst überall am Ziel. Denn sie reißt das Objekt ihrer Kontemplation heraus aus dem Strome des Weltlaufs und hat es isoliert vor sich: und dieses einzelne, was in jenem Strom ein verschwindend kleiner Teil war, wird ihr ein Repräsentant des Ganzen, ein Äquivalent des in Raum und Zeit unendlich Vielen: sie bleibt daher bei diesem einzelnen stehn, das Rad der Zeit hält sie an: die Relationen verschwinden ihr: nur das Wesentliche, die Idee, ist ihr Objekt. – Wir können sie daher geradezu bezeichnen *als die Betrachtungsart der Dinge unabhängig vom Satze des Grundes,* im Gegensatz der gerade diesem nachgehenden Betrachtung, welche der Weg der Erfahrung und Wissenschaft ist. Diese letztere Art der Betrachtung ist einer unendlichen, horizontal laufenden Linie zu vergleichen; die erstere aber der sie in jedem beliebigen Punkte schneidenden senkrechten. Die dem Satz vom Grunde nachgehende ist die vernünftige Betrachtungsart, welche im praktischen Leben wie in der Wissenschaft allein gilt und hilft: die vom Inhalt jenes Satzes wegsehende ist die geniale Betrachtungsart, welche in der Kunst allein gilt und hilft. Die erstere ist die Betrachtungsart des Aristoteles; die zweite ist im ganzen die des Plato. Die erstere gleicht dem gewaltigen Sturm, der ohne Anfang und Ziel dahinfährt, alles beugt, bewegt, mit sich fortreißt; die zweite dem ruhigen Sonnenstrahl, der den Weg dieses Sturmes durchschneidet, von ihm ganz unbewegt. Die erstere gleicht den unzähligen, gewaltsam bewegten Tropfen des Wasserfalls, die, stets wechselnd, keinen Augenblick rasten: die zweite dem auf diesem tobenden Gewühl stille ruhenden Regenbogen.

## *Unnützsein*

Es werde musiziert oder philosophiert, gemalt oder gedichtet – ein Werk des Genies ist kein Ding zum Nutzen. Unnütz zu sein, gehört zum Charakter der Werke des Genies: es ist ihr Adelsbrief. Alle übrigen Menschenwerke sind da zu Erhaltung oder Erleichterung unserer Existenz; bloß die hier in Rede stehenden nicht: sie allein sind ihrer selbst wegen da und sind in diesem Sinn als die Blüte oder der reine Ertrag des Daseins anzusehn. Deshalb geht beim Genuß derselben uns das Herz auf: denn wir tauchen dabei aus dem schweren Erdenäther der Bedürftigkeit auf. – Diesem analog sehn wir, auch außerdem, das Schöne selten mit dem Nützlichen vereint. Die hohen und schönen Bäume tragen kein Obst: die Obstbäume sind kleine, häßliche Krüppel. Die gefüllte Gartenrose ist nicht fruchtbar, sondern die kleine, wilde, fast geruchlose ist es. Die schönsten Gebäude sind nicht die nützlichen: ein Tempel ist kein Wohnhaus. Ein Mensch von hohen, seltenen Geistesgaben, genötigt einem bloß nützlichen Geschäft, dem der Gewöhnlichste gewachsen wäre, obzuliegen, gleicht einer köstlichen, mit schönster Malerei geschmückten Vase, die als Kochtopf verbraucht wird; und die nützlichen Leute mit den Leuten von Genie vergleichen, ist wie Bausteine mit Diamanten vergleichen.

Jedes Kunstwerk ist eigentlich bemüht, uns das Leben und die Dinge so zu zeigen, wie sie in Wahrheit sind, aber, durch den Nebel objektiver und subjektiver Zufälligkeiten hindurch, nicht von jedem unmittelbar erfaßt werden können. Diesen Nebel nimmt die Kunst hinweg.

Was ist das Leben? – Diese Frage beantwortet jedes echte und gelungene Kunstwerk auf seine Weise völlig richtig.

## *Ein Fall gilt für Tausende*

Wenn man betrachtet, wie sowohl die Poesie als auch die bildenden Künste zu ihrem jedesmaligen Thema ein *Individuum* nehmen, um solches mit allen Eigentümlichkeiten seiner Einzelheit bis auf die geringfügigsten herab, mit sorgfältigster Genauigkeit uns darzustellen; und wenn man dann zurücksieht auf die Wissenschaften, die mittels der *Begriffe* arbeiten, deren jeder zahllose Individuen vertritt, indem er das Eigentümliche der ganzen Art derselben ein für allemal bestimmt und bezeichnet – so könnte bei dieser Betrachtung das Treiben der Kunst uns geringfügig, kleinlich, ja, fast kindisch vorkommen. Allein das Wesen der Kunst bringt es mit sich, daß ihr ein Fall für Tausende gilt, indem was sie durch jene sorgfältige und ins einzelne gehende Darstellung des Individuums beabsichtigt, die Offenbarung der *Idee* seiner Gattung ist, so daß z. B. ein Vorgang, eine Szene des Menschenlebens, richtig und vollständig, also mit genauer Darstellung der darin verwickelten Individuen, geschildert, die Idee der Menschheit selbst, von irgendeiner Seite aufgefaßt, zur deutlichen und tiefen Erkenntnis bringt. Denn, wie der Botaniker aus dem unendlichen Reichtum der Pflanzenwelt eine einzige Blume pflückt, sie dann zerlegt, um uns die Natur der Pflanze überhaupt daran zu demonstrieren, so nimmt der Dichter aus dem endlosen Gewirre des überall in unaufhörlicher Bewegung dahineilenden Menschenlebens eine einzige Szene, ja, oft nur eine Stimmung und Empfindung heraus, um uns daran zu zeigen, was das Leben und Wesen des Menschen sei. Dieserhalb sehn wir die größten Geister, Shakespeare und Goethe, Raffael und Rembrandt, es ihrer nicht unwürdig erachten, ein nicht einmal hervorragendes Individuum in seiner ganzen Eigentümlichkeit bis auf das Kleinste herab mit größter Genauigkeit und ernstem Fleiße uns darzustellen und zu veranschaulichen. Denn nur anschaulich wird das Besondere und einzelne gefaßt – weshalb ich die Poesie definiert habe als die Kunst, durch Worte die Phantasie ins Spiel zu versetzen.

## *Aufgabe der Baukunst*

Wenn wir die *Baukunst* bloß als schöne Kunst, abgesehn von ihrer Bestimmung zu nützlichen Zwekken, in welchen sie den Willen, nicht der reinen Erkenntnis dient und also nicht mehr Kunst in unserm Sinne ist, betrachten, so können wir ihr keine andere Absicht unterlegen als die, einige von jenen Ideen, welche die niedrigsten Stufen der Objektität des Willens sind, zu deutlicher Anschauung zu bringen: nämlich Schwere, Kohäsion, Starrheit, Härte, diese allgemeinen Eigenschaften des Steines, diese ersten, einfachsten, dumpfesten Sichtbarkeiten des Willens, Grundbaßtöne der Natur, und dann neben ihnen das Licht, welches in vielen Stücken ein Gegensatz jener ist. Selbst auf dieser tiefen Stufe der Objektität des Willens sehn wir schon sein Wesen sich in Zwietracht offenbaren: denn eigentlich ist der Kampf zwischen Schwere und Starrheit der alleinige ästhetische Stoff der schönen Architektur: ihn auf mannigfaltige Weise vollkommen deutlich hervortreten zu lassen, ist ihre Aufgabe. Sie löst solche, indem sie jenen unvertilgbaren Kräften den kürzesten Weg zu ihrer Befriedigung benimmt und sie durch einen Umweg hinhält, wodurch der Kampf verlängert und das unerschöpfliche Streben beider Kräfte auf mannigfaltige Weise sichtbar wird.

### *Menschliche Schönheit*

Die Idee, in welcher der Wille den höchsten Grad seiner Objektivation erreicht, unmittelbar anschaulich darzustellen, ist die große Aufgabe der Historienmalerei und der Skulptur. Die objektive Seite der Freude am Schönen ist hier durchaus überwiegend und die subjektive in den Hintergrund getreten. Ferner ist zu beachten, daß noch auf der nächsten Stufe unter dieser, in der Tiermalerei, das Charakteristische völlig eins mit dem Schönen ist: der am meisten charakteristische Löwe, Wolf, Pferd, Schaf, Stier war auch allemal der schönste. Der Grund hievon ist, daß die Tiere nur Gattungscharakter, keinen Individualcharakter haben. Bei der Darstellung des Menschen sondert sich nun aber der Gattungscharakter vom Charakter des Individuums: jener heißt nun Schönheit (gänzlich im objektiven Sinn), dieser aber behält den Namen Charakter oder Ausdruck bei, und es tritt die neue Schwierigkeit ein, beide zugleich im nämlichen Individuo vollkommen darzustellen.

*Menschliche Schönheit* ist ein objektiver Ausdruck, welcher die vollkommenste Objektivation des Willens auf der höchsten Stufe seiner Erkennbarkeit bezeichnet, die Idee des Menschen überhaupt, vollständig ausgedrückt in der angeschauten Form. So sehr hier aber auch die objektive Seite des Schönen hervortritt, so bleibt die subjektive doch ihre stete Begleiterin: und eben weil kein Objekt uns so schnell zum rein ästhetischen Anschauen hinreißt wie das schönste Menschenantlitz und Gestalt, bei deren Anblick uns augenblicklich ein unaussprechliches Wohlgefallen ergreift und über uns selbst und alles, was uns quält, hinaushebt; so ist dieses nur dadurch möglich, daß diese allerdeutlichste und reinste Erkennbarkeit des Willens uns auch am leichtesten und schnellsten in den Zustand des reinen Erkennens versetzt, in welchem unsere Persönlichkeit, unser Wollen mit seiner steten Pein verschwindet, solange die rein ästhetische Freude anhält: daher sagt Goethe: „Wer die menschliche Schönheit erblickt, den kann nichts Übles anwehn: er fühlt sich mit sich selbst und mit der Welt in Übereinstimmung."

Daß nun der Natur eine schöne Menschengestalt gelingt, müssen wir daraus erklären, daß der Wille, indem er sich auf dieser höchsten Stufe in einem Individuum objektiviert, durch glückliche Umstände und seine Kraft, alle die Hindernisse und den Widerstand vollkommen besiegt, welche ihm die Willenserscheinungen niedriger Stufen entgegensetzen, dergleichen die Naturkräfte sind, welchen er die allen angehörende Materie immer erst abgewinnen und entreißen muß. Ferner hat die Erscheinung des Willens auf den obern Stufen immer die Mannigfaltigkeit in ihrer Form: schon der Baum ist nur ein systematisches Aggregat der zahllos wiederholten sprossenden Fasern: diese Zusammensetzung nimmt höher herauf immer mehr zu, und der menschliche Körper ist ein höchst kombiniertes System ganz verschiedener Teile, deren jeder ein dem Ganzen untergeordnetes, aber doch auch eigentümliches Leben, vita propria, hat: daß nun alle diese Teile gerade auf die gehörige Weise dem Ganzen untergeordnet und einander nebengeordnet seien, harmonisch zur Darstellung des Ganzen konspirieren, nichts übermäßig, nichts verkümmert sei – dies alles sind die seltenen Bedingungen, deren Resultat die Schönheit, der vollkommen ausgeprägte Gattungscharakter ist.

### *Höher steht die Dichtkunst*

Als die einfachste und richtigste Definition der Poesie möchte ich diese aufstellen, daß sie die Kunst ist, durch Worte die Einbildungskraft ins Spiel zu versetzen ... Dadurch, daß die Phantasie des Lesers der Stoff ist, in welchem die Dichtkunst ihre Bilder darstellt, hat diese den Vorteil, daß die nähere Ausführung und die feineren Züge in der Phantasie eines jeden so ausfallen, wie es seiner Individualität, seiner Erkenntnissphäre und seiner Laune gerade am angemessensten ist und ihn daher am lebhaftesten anregt; statt daß die bildenden Künste sich nicht so anbequemen können, sondern hier *ein* Bild, *eine* Gestalt allen genügen soll: diese aber wird doch immer in etwas das Gepräge der Individualität des Künstlers oder seines Modells tragen als einen subjektiven oder zufälligen, nicht wirksamen Zusatz; wenngleich um so weniger, je objektiver, d. h. genialer der Künstler ist. Schon hieraus ist es zum Teil erklärlich, daß die Werke der Dichtkunst eine viel stärkere, tiefere und allgemeinere Wirkung ausüben als Bilder und Statuen: diese nämlich lassen das Volk meistens ganz kalt, und überhaupt sind die bildenden die am schwächsten wirkenden Künste.

## *Der Dichter: der allgemeine Mensch*

Die Darstellung der Idee der Menschheit, welche dem Dichter obliegt, kann er entweder so ausführen, daß der Dargestellte zugleich auch der Darstellende ist: dieses geschieht in der lyrischen Poesie, im eigentlichen Liede, wo der Dichtende nur seinen eigenen Zustand lebhaft anschaut und beschreibt, wobei daher, durch den Gegenstand, dieser Gattung eine gewisse Subjektivität wesentlich ist; oder aber der Darzustellende ist vom Darstellenden ganz verschieden, wie in allen anderen Gattungen, wo mehr oder weniger der Darstellende hinter dem Dargestellten sich verbirgt und zuletzt ganz verschwindet. In der Romanze drückt der Darstellende seinen eigenen Zustand noch durch Ton und Haltung des Ganzen in etwas aus: viel objektiver als das Lied, hat sie daher noch etwas Subjektives, dieses verschwindet schon mehr im Idyll, noch viel mehr im Roman, fast ganz im eigentlichen Epos, und bis auf die letzte Spur endlich im Drama, welches die objektiveste und in mehr als einer Hinsicht vollkommenste, auch schwierigste Gattung der Poesie ist. Die lyrische Gattung ist ebendeshalb die leichteste, und wenn die Kunst sonst nur dem so seltenen echten Genius angehört, so kann selbst der im ganzen nicht sehr eminente Mensch, wenn in der Tat, durch starke Anregung von außen, irgendeine Begeisterung seine Geisteskräfte erhöht, ein schönes Lied zustande bringen: denn es bedarf dazu nur einer lebhaften Anschauung seines eigenen Zustandes im aufgeregten Moment. Dies beweisen viele einzelne Lieder übrigens unbekannt gebliebener Individuen, besonders die deutschen Volkslieder, von denen wir im „Wunderhorn“ eine treffliche Sammlung haben, und ebenso unzählige Liebes- und andere Lieder des Volkes in allen Sprachen. Denn die Stimmung des Augenblicks zu ergreifen und im Liede zu verkörpern ist die ganze Leistung dieser poetischen Gattung. Dennoch bildet in der lyrischen Poesie echter Dichter sich das Innere der ganzen Menschheit ab, und alles, was Millionen gewesener, seiender, künftiger Menschen, in denselben, weil stets wiederkehrenden Lagen empfunden haben und empfinden werden, findet darin seinen entsprechenden Ausdruck. Weil jene Lagen, durch die beständige Wiederkehr, eben wie die Menschheit selbst, als bleibende dastehen und stets dieselben Empfindungen hervorrufen, bleiben die lyrischen Produkte echter Dichter Jahrtausende hindurch richtig, wirksam und frisch. Ist doch überhaupt der Dichter der allgemeine Mensch: Alles, was irgendeines Menschen Herz bewegt hat und was die menschliche Natur in irgendeiner Lage aus sich hervortreibt, was irgendwo in einer Menschenbrust wohnt und brütet – ist sein Thema und sein Stoff; wie daneben auch die ganze übrige Natur . . . Er ist der Spiegel der Menschheit und bringt ihr, was sie fühlt und treibt, zum Bewußtsein.

## *Lyrik – Epos – Drama*

Wie in der lyrischen Poesie das subjektive Element vorherrscht, so ist dagegen im Drama das objektive allein und ausschließlich vorhanden. Zwischen beiden hat die epische Poesie, in allen ihren Formen und Modifikationen, von der erzählenden Romanze bis zum eigentlichen Epos, eine breite Mitte inne. Denn obwohl sie in der Hauptsache objektiv ist; so enthält sie doch ein bald mehr, bald minder hervortretendes subjektives Element, welches am

Ton, an der Form des Vortrages, wie auch an eingestreuten Reflexionen seinen Ausdruck findet. Wir verlieren nicht den Dichter so ganz aus den Augen wie beim Drama.

## *Dichtung und Philosophie – Jugend und Alter*

Wenngleich der Dichter wie jeder Künstler uns immer nur das einzelne, Individuelle, vorführt, so ist, was er erkannte und uns dadurch erkennen lassen will, doch die (Platonische) Idee, die ganze Gattung; daher wird in seinen Bildern gleichsam der Typus der menschlichen Charaktere und Situationen ausgeprägt sein. Der erzählende, auch der dramatische Dichter nimmt aus dem Leben das ganz einzelne heraus und schildert es genau in seiner Individualität, offenbart aber hierdurch das ganze menschliche Dasein; indem er zwar scheinbar es mit dem einzelnen, in Wahrheit aber mit dem, was überall und zu allen Zeiten ist, zu tun hat. Hieraus entspringt es, daß Sentenzen, besonders der dramatischen Dichter, selbst ohne generelle Aussprüche zu sein, im wirklichen Leben häufige Anwendung finden. – Zur Philosophie verhält sich die Poesie, wie die Erfahrung sich zur empirischen Wissenschaft verhält. Die Erfahrung nämlich macht uns mit der Erscheinung im einzelnen und beispielsweise bekannt; die Wissenschaft umfaßt das Ganze derselben mittels allgemeiner Begriffe. So will die Poesie uns mit den (Platonischen) Ideen der Wesen mittels des einzelnen und beispielsweise bekannt machen: die Philosophie will das darin sich aussprechende innere Wesen der Dinge im ganzen und allgemeinen erkennen lehren. – Man sieht schon hieran, daß die Poesie mehr den Charakter der

Jugend, die Philosophie den des Alters trägt. In der Tat blüht die Dichtergabe eigentlich nur in der Jugend: auch die Empfänglichkeit für Poesie ist in der Jugend oft leidenschaftlich: der Jüngling hat Freude an Versen als solchen und nimmt oft mit geringer Ware vorlieb. Mit den Jahren nimmt diese Neigung allmählich ab, und im Alter zieht man die Prosa vor. Durch jene poetische Tendenz der Jugend wird dann leicht der Sinn für die Wirklichkeit verdorben. Denn von dieser unterscheidet die Poesie sich dadurch, daß in ihr das Leben interessant und doch schmerzlos an uns vorüberfließt; dasselbe hingegen in der Wirklichkeit, solange es schmerzlos ist, uninteressant ist, sobald es aber interessant wird, nicht ohne Schmerzen bleibt. Der früher in die Poesie als in die Wirklichkeit eingeweihte Jüngling verlangt nun von dieser, was nur jene leisten kann: dies ist eine Hauptquelle des Unbehagens, welches die vorzüglichsten Jünglinge drückt.

### *Musik: die wahre allgemeine Sprache*

Die Musik ist die wahre allgemeine Sprache, die man überall versteht: daher wird sie in allen Ländern und durch alle Jahrhunderte mit großem Ernst und Eifer unaufhörlich geredet, und macht eine bedeutsame, vielsagende Melodie gar bald ihren Weg um das ganze Erdenrund; während eine sinnarme und nichtssagende gleich verhallt und erstirbt; welches beweist, daß der Inhalt der Melodie ein sehr wohl verständlicher ist. Jedoch redet sie nicht von Dingen, sondern von lauter Wohl und Wehe, als welche die alleinigen Realitäten für den *Willen* sind: darum spricht sie so sehr zum Herzen, während sie dem Kopfe *unmittelbar* nichts zu sagen hat und es ein Mißbrauch ist, wenn man ihr dies zumutet, wie in aller malenden Musik geschieht, welche daher ein für allemal verwerflich ist; wenngleich Haydn und Beethoven sich zu ihr verirrt haben: Mozart und Rossini haben es meines Wissens nie getan. Denn ein anderes ist Ausdruck der Leidenschaften, ein anderes Malerei der Dinge.

## *Musik: die mächtigste Kunst*

Weil die Musik nicht, gleich allen andern Künsten, die Ideen oder Stufen der Objektivation des Willens, sondern unmittelbar den *Willen* selbst darstellt, so ist hieraus auch erklärlich, daß sie auf den Willen, d. i. die Gefühle, Leidenschaften und Affekte des Hörers, unmittelbar einwirkt, so daß sie dieselben schnell erhöht oder auch umstimmt.

So gewiß die Musik, weit entfernt, eine bloße Nachhilfe der Poesie zu sein, eine selbständige Kunst, ja die mächtigste unter allen ist und daher ihre Zwecke ganz aus eigenen Mitteln erreicht, so gewiß bedarf sie nicht der Worte des Gesanges oder der Handlung einer Oper. Die Musik als solche kennt allein die Töne, nicht aber die Ursache, welche diese hervorbringen. Demnach ist für sie auch die vox humana [die menschliche Stimme] ursprünglich und wesentlich nichts anderes als ein modifizierter Ton, eben wie der eines Instruments, und hat wie jeder andere die eigentümlichen Vorteile und Nachteile, welche eine Folge des ihn hervorbringenden Instruments sind. Daß nun, in diesem Fall, eben dieses Instrument anderweitig, als Werkzeug der Sprache, zur Mitteilung von Begriffen dient, ist ein zufälliger Umstand, den die Musik zwar nebenbei benutzen kann, um eine Verbindung mit der Poesie einzugehn; jedoch nie darf sie ihn zur Hauptsache machen und gänzlich nur auf den Ausdruck der meistens, ja (wie Diderot im „Neffen Rameaus“ zu verstehn gibt) sogar wesentlich faden Verse bedacht sein. Die Worte sind und bleiben für die Musik eine fremde Zugabe, von untergeordnetem Werte, da die Wirkung der Töne ungleich mächtiger, unfehlbarer und schneller ist als die der Worte: diese müssen daher, wenn sie der Musik einverleibt werden, doch nur eine völlig untergeordnete Stelle einnehmen und sich ganz nach jener fügen. Umgekehrt aber gestaltet sich das Verhältnis in Hinsicht auf die gegebene Poesie, also das Lied oder den Operntext, welchem eine Musik hinzugefügt wird. Denn alsbald zeigt an diesem die Tonkunst ihre Macht und höhere Befähigung, indem sie jetzt über die in den Worten ausgedrückte Empfindung oder die in der Oper dargestellte Handlung die tiefsten, letzten, geheimsten Aufschlüsse gibt, das eigentliche und wahre Wesen derselben ausspricht und uns die innerste Seele der Vorgänge und Begebenheiten kennen lehrt, deren bloße Hülle und Leib die Bühne darbietet . . .

Seht den Musiker, wie er im Triumph seine Kunst übt, die ihre Allgenugsamkeit über ihn verbreitet. Bleiben da noch Zweifel und Skrupel zu lösen? Sie spricht auf ihre Weise die Welt aus und löset alle Rätsel.

## VII. DIE MORALISCHE BEDEUTUNG DER WELT

Daß die Welt bloß eine physische, keine moralische Bedeutung habe, ist der größte, der verderblichste, der fundamentale Irrtum, die eigentliche *Perversität* [Verkehrtheit] der Gesinnung, und ist wohl im Grunde auch das, was der Glaube als den Antichrist personifiziert hat. Dennoch und allen Religionen zum Trotz, als welche sämtlich das Gegenteil davon behaupten und solches in ihrer mythischen Weise zu begründen suchen, stirbt jener Grundirrtum nie ganz auf Erden aus, sondern erhebt immer von Zeit zu Zeit sein Haupt von neuem, bis ihn die allgemeine Indignation abermals zwingt, sich zu verstecken.

So sicher aber auch das Gefühl einer moralischen Bedeutung der Welt und des Lebens ist; so ist dennoch die Verdeutlichung derselben und die Enträtselung des Widerspruchs zwischen ihr und dem Laufe der Welt so schwierig, daß es mir aufbehalten bleiben konnte, das wahre, allein echte und reine, daher überall und allezeit wirksame Fundament der Moralität, nebst dem Ziele, welchem es zuführt, darzulegen; wobei ich zu sehr die Wirklichkeit des moralischen Hergangs auf meiner Seite habe, als daß ich zu besorgen hätte, diese Lehre könne jemals noch wieder durch eine andere ersetzt und verdrängt werden.

### *Tugend und Laster*

Die Tugend geht zwar aus der Erkenntnis hervor, aber nicht aus der abstrakten, durch Worte mitteilbaren. Wäre dieses, so ließe sie sich lehren, und indem wir hier ihr Wesen und die ihr zum Grunde liegende Erkenntnis abstrakt aussprechen, hätten wir jeden, der dies faßt, auch ethisch gebessert. So ist es aber keineswegs. Vielmehr kann man so wenig durch ethische Vorträge oder Predigten einen Tugendhaften zustande bringen, als alle Ästhetiken, von der des Aristoteles an, je einen Dichter gemacht haben. Denn für das eigentliche und innere Wesen der Tugend ist der Begriff unfruchtbar, wie er es für die Kunst ist, und kann nur völlig untergeordnet als Werkzeug Dienste bei der Ausführung und Aufbewahrung des anderweitig Erkannten und Beschlossenen leisten. Velle non discitur [Das Wollen ist nicht erlernbar]. Auf die Tugend, d. h. auf die Güte der Gesinnung, sind die abstrakten Dogmen in der Tat ohne Einfluß: die falschen stören sie nicht, und die wahren befördern sie schwerlich. Es wäre auch wahrlich sehr schlimm, wenn die Hauptsache des menschlichen Lebens, sein ethischer für die Ewigkeit geltender Wert, von etwas abhinge, dessen Erlangung so sehr dem Zufall unterworfen ist wie Dogmen, Glaubenslehren, Philosopheme.

### *Der Quäler und der Gequälte sind eins*

Will man wissen, was die Menschen, moralisch betrachtet, im ganzen und allgemeinen wert sind, so betrachte man ihr Schicksal, im ganzen und allgemeinen. Dieses ist Mangel, Elend, Jammer, Qual und Tod. Die ewige Gerechtigkeit waltet: wären sie nicht, im ganzen genommen, nichtswürdig, so würde ihr Schicksal, im ganzen genommen, nicht so traurig sein. In diesem Sinne können wir sagen: die Welt selbst ist das Weltgericht. Könnte man allen Jammer der Welt in eine Waagschale legen und alle Schuld der Welt in die andere; so würde gewiß die Zunge einstehn.

Freilich aber stellt sich der Erkenntnis, so wie sie, dem Willen zu seinem Dienst entsprossen, dem Individuo als solchen wird, die Welt nicht so dar, wie sie dem Forscher zuletzt sich enthüllt, als die Objektität des einen und alleinigen Willens zum Leben, der er selbst ist; sondern den Blick des rohen Individuums trübt, wie die Inder sagen, der Schleier der Maja: ihm zeigt sich, statt des Dinges an sich, nur die Erscheinung in Zeit und Raum, dem principio individuationis, und in den übrigen Gestaltungen des Satzes vom Grunde: und in dieser Form seiner beschränkten Erkenntnis sieht er nicht das Wesen der Dinge, welches eines ist, sondern dessen Erscheinungen, als gesondert, getrennt, unzählbar, sehr verschieden, ja entgegengesetzt. Da erscheint ihm die Wollust als eines und die Qual als ein ganz anderes ... Er sieht den einen in Freuden, Überfluß und Wollüsten leben und zugleich vor dessen Türe den anderen durch Mangel und Kälte qualvoll sterben. Dann fragt er: wo bleibt die Vergeltung? Und er selbst, im heftigen Willensdrange, der sein Ursprung und sein Wesen ist, ergreift die Wollüste und Genüsse des Lebens, hält sie umklammert fest, und weiß nicht, daß er durch eben diesen Akt seines Willens alle die Schmerzen und Qualen des Lebens, vor deren Anblick er schaudert, ergreift und fest an sich drückt. Er sieht das Übel, er sieht das Böse in der Welt: aber weit entfernt zu erkennen, daß beide nur verschiedene Seiten der Erscheinung des einen Willens zum Leben sind, hält er sie für sehr verschieden, ja ganz entgegengesetzt, und sucht oft durch Verursachung des fremden Leidens, dem Übel, dem Leiden des eigenen Individuums, zu entgehen, befangen im principio individuationis, getäuscht durch den Schleier der Maja. – Denn, wie auf dem tobenden Meere, das, nach allen Seiten unbegrenzt, heulend Wasserberge erhebt und senkt, auf einem Kahn ein Schiffer sitzt, dem schwachen Fahrzeug vertrauend, so sitzt mitten in einer Welt voll Qualen, ruhig der einzige Mensch, gestützt und vertrauend auf das principium individuationis oder die Weise, wie das Individuum die Dinge erkennt, als Erscheinung. Die unbegrenzte Welt, voll Leiden überall, in unendlicher Vergangenheit, in unendlicher Zukunft, ist ihm fremd, ja ist ihm ein Märchen: seine verschwindende Person, seine ausdehnungslose Gegenwart, sein augenblickliches Behagen, dies allein hat Wirklichkeit für ihn: und dies zu erhalten, tut er alles, solange nicht eine bessere Erkenntnis ihm die Augen öffnet. Bis dahin lebt bloß in der innersten Tiefe seines Bewußtseins die ganz dunkle Ahnung, daß ihm jenes alles doch wohl eigentlich so fremd nicht sei, sondern einen Zusammenhang mit ihm hat, vor welchem das principium individuationis ihn nicht schützen kann. Aus dieser Ahnung stammt jenes so unvertilgbare und allen Menschen (ja vielleicht selbst den klügeren Tieren) gemeinsame Grausen, das sie plötzlich ergreift, wenn sie, durch irgendeinen Zufall, irre werden am principio individuationis, indem der Satz vom Grunde, in irgendeiner seiner Gestaltungen, eine Ausnahme zu erleiden scheint: z. B. wenn es scheint, daß irgendeine Veränderung ohne Ursache vor sich ginge oder ein Verstorbener wieder da wäre oder sonst irgendwie das Vergangene oder das Zukünftige gegenwärtig oder das Ferne nah wäre. Das ungeheure Entsetzen über so etwas gründet sich darauf, daß sie plötzlich irre werden an den Erkenntnisformen der Erscheinung, welche allein ihr eigenes Individuum von der übrigen Welt gesondert halten. Diese Sonderung aber eben liegt nur in der Erscheinung und nicht im Dinge an sich: eben darauf beruht die ewige Gerechtigkeit.

– In der Tat steht alles zeitliche Glück und wandelt alle Klugheit – auf untergrabenem Boden. Sie schützen die Person vor Unfällen und verschaffen ihr Genüsse; aber die Person ist bloße Erscheinung, und ihre Verschiedenheit von anderen Individuen und das Freisein von den Leiden, welche diese tragen, beruht auf der Form der Erscheinung, dem principio individuationis. Dem wahren Wesen der Dinge nach hat jeder alle Leiden der Welt als die seinigen, ja alle nur möglichen als für ihn wirklich zu betrachten, solange er der feste Willen zum Leben ist, d. h. mit aller Kraft das Leben bejaht. Für die das principium individuationis durchschauende Erkenntnis ist ein glückliches Leben in der Zeit vom Zufall geschenkt oder ihm durch Klugheit abgewonnen, mitten unter den Leiden unzähliger anderen – doch nur der Traum eines Bettlers, in welchem er ein König ist, aber aus dem er erwachen muß, um zu erfahren, daß nur eine flüchtige Täuschung ihn von dem Leiden seines Lebens getrennt hatte.

Dem in der Erkenntnis, welche dem Satz vom Grunde folgt, in dem principio individuationis befangenen Blick entzieht sich die ewige Gerechtigkeit: er vermißt sie ganz, wenn er nicht etwa sie durch Fiktionen rettet. Er sieht den Bösen, nach Untaten und Grausamkeiten aller Art, in Freuden leben und unangefochten aus der Welt gehen. Er sieht den Unterdrückten ein Leben voll Leiden bis ans Ende schleppen, ohne daß sich ein Rächer, ein Vergelter zeigte. Aber die ewige Gerechtigkeit wird nur der begreifen und fassen, der über jene am Leitfaden des Satzes vom Grunde fortschreitende und an die einzelnen Dinge gebundene Erkenntnis sich erhebt, die Ideen erkennt, das principium individuationis durchschaut und inne wird, daß dem Dinge an sich die Formen der Erscheinung nicht zukommen. Dieser ist es auch allein, der, vermöge derselben Erkenntnis, das wahre Wesen der Tugend, wie es im Zusammenhang mit der gegenwärtigen Betrachtung sich uns bald aufschließen wird, verstehn kann; wiewohl zur Ausübung derselben diese Erkenntnis in abstracto keineswegs erfordert wird. Wer also bis zu der besagten Erkenntnis gelangt ist, dem wird es deutlich, daß, weil der Wille das An-sich aller Erscheinung ist, die über andere verhängte und die selbsterfahrene Qual, das Böse und das Übel, immer nur jenes eine und selbe Wesen treffen, wenngleich die Erscheinungen, in welchem das eine und das andere sich darstellt, als ganz verschiedene Individuen dastehn und sogar durch ferne Zeiten und Räume getrennt sind. Er sieht ein, daß die Verschiedenheit zwischen dem, der das Leiden verhängt, und dem, welcher es dulden muß, nur Phänomen ist und nicht das Ding an sich trifft, welches der in beiden lebende Wille ist, der hier, durch die an seinen Dienst gebundene Erkenntnis getäuscht, sich selbst verkennt, in *einer* seiner Erscheinungen gesteigertes Wohlsein suchend, in der *anderen* großes Leiden hervorbringt und so, im heftigen Drange, die Zähne in sein eigenes Fleisch schlägt, nicht wissend, daß er immer nur sich selbst verletzt, dergestalt, durch das Medium der Individuation, den Widerstreit mit sich selbst offenbarend, welchen er in seinem Innern trägt. Der Quäler und der Gequälte sind eines. Jener irrt, indem er sich der Qual, dieser, indem er sich der Schuld nicht teilhaft glaubt. Gingen ihnen beiden die Augen auf, so würde, der das Leid verhängt, erkennen, daß er in allem lebt, was auf der weiten Welt Qual leidet und, wenn mit Vernunft begabt, vergeblich nachsinnt, warum es zu so großem Leiden, dessen Verschuldung es nicht einsieht, ins Dasein gerufen ward: und der Gequälte würde einsehn, daß alles Böse, das auf der Welt verübt wird oder je ward, aus jenem Willen fließt, der auch *sein* Wesen ausmacht, auch in *ihm* erscheint und er durch diese Erscheinung und ihre Bejahung alle Leiden auf sich genommen hat, die aus solchem Willen hervorgehn und sie mit Recht erduldet, solange er dieser Wille ist.

### *Ein Wesen in allen Individuen*

Erheben wir uns auf den transzendentalen Standpunkt, so sehn wir ein Wesen, das in allen Individuen erscheint: alle Leiden, wie alle Freuden, wie sie auch an die Individuen verteilt sein mögen, treffen immer dieses selbe Wesen, das sich im fremden Individuum nicht wiedererkennt, hingegen auch im eigenen Individuum sich nicht kennt und eingeständlich sich selber fremd ist: von diesem geht das Böse aus, aber auch das Übel kann nur dieses Wesen treffen: in der Erscheinung freilich ist etwas Übeles erdulden und etwas Böses tun sehr zweierlei, daher man oft das zweite ergreift, um dem ersten zu entgehn: hingegen an sich oder vom transzendentalen Standpunkt aus gesehn ist beides gleich: denn eben das Wesen, das das Böse tut, erduldet auch das Übel. Der Wille zum Leben hat es immer nur mit sich selbst zu tun: darauf beruht die ewige Gerechtigkeit.

### *Neid oder Mitleid*

Der Punkt, an welchem die moralischen Tugenden und Laster des Menschen zuerst auseinandergehn, ist jener Gegensatz der Grundgesinnung gegen andere, welche nämlich entweder den Charakter des

Neides oder aber den des Mitleides annimmt. Denn diese zwei einander diametral entgegengesetzten Eigenschaften trägt jeder Mensch in sich, indem sie entspringen aus der ihm unvermeidlichen Vergleichung seines eigenen Zustandes mit dem der andern: je nachdem nun das Resultat dieser auf seinen individuellen Charakter wirkt, wird die eine oder die andere Eigenschaft seine Grundgesinnung und die Quelle seines Handelns. Der Neid nämlich baut die Mauer zwischen Du und Ich fester auf: dem Mitleid wird sie dünn und durchsichtig; ja bisweilen reißt es sie ganz ein, wo dann der Unterschied zwischen Ich und Nicht-Ich verschwindet.

## *Das eigene und das fremde Schicksal*

Wo die uneigennützige Liebe vollkommen wird, setzt sie das fremde Individuum und sein Schicksal dem eigenen völlig gleich. Weiter kann sie nie gehn, da kein Grund vorhanden ist, das fremde Individuum dem eigenen vorzuziehn. Wohl aber kann die Mehrzahl der fremden Individuen, deren ganzes Wohlsein oder Leben in Gefahr ist, die Rücksicht auf das eigene Wohl des einzelnen überwiegen. In solchem Falle wird der zur höchsten Güte und zum vollendeten Edelmut gelangte Charakter sein Wohl und sein Leben gänzlich zum Opfer bringen für das Wohl vieler anderer: so starb Kodros, so Leonidas, so Regulus, so Decius Mus, so Arnold von Winkelried, so jeder, der freiwillig und bewußt für die Seinigen, für das Vaterland, in den gewissen Tod geht. Auch steht auf dieser Stufe jeder, der zur Behauptung dessen, was der gesamten Menschheit zum Wohle gereicht und regelmäßig angehört, d. h. für allgemeine, wichtige Wahrheiten und für Vertilgung großer Irrtümer, Leiden und Tod willig übernimmt: so starb Sokrates, so Giordano Bruno, so fand mancher Held der Wahrheit den Tod auf dem Scheiterhaufen unter den Händen der Priester.

## *Das Mitleid*

Man setze zum letzten Beweggrund einer Handlung, was man wolle, immer wird sich ergeben, daß, auf irgendeinem Umwege, zuletzt *das eigene Wohl und Wehe des Handelnden* die eigentliche Triebfeder, mithin die Handlung *egoistisch*, folglich *ohne moralischen Wert* ist. Nur einen einzigen Fall gibt es, in welchem dies nicht statthat: nämlich wenn der letzte Beweggrund zu einer Handlung oder Unterlassung geradezu und ausschließlich im *Wohl und Wehe* irgendeines dabei passiv beteiligten *andern* liegt, also der aktive Teil bei seinem Handeln oder Unterlassen ganz allein das Wohl und Wehe eines *andern* im Auge hat und durchaus nichts bezweckt, als daß jener andere unverletzt bleibe oder gar Hilfe, Beistand und Erleichterung erhalte. *Dieser Zweck allein* drückt einer Handlung oder Unterlassung den Stempel des *moralischen Wertes* auf, welcher demnach ausschließlich darauf beruht, daß die Handlung bloß zu Nutz und Frommen *eines andern* geschehe oder unterbleibe. Sobald nämlich dies *nicht* der Fall ist; so kann das *Wohl und Wehe*, welches zu *jeder* Handlung treibt oder von ihr abhält, nur das *des Handelnden selbst* sein: dann aber ist die Handlung oder Unterlassung allemal egoistisch, mithin *ohne moralischen Wert.*

Wenn nun aber meine Handlung ganz allein *des andern wegen* geschehen soll, so muß *sein Wohl und Wehe unmittelbar mein Motiv sein:* so wie bei allen andern Handlungen das *meinige* es ist. Dies bringt unser Problem auf einen engern Ausdruck, nämlich diesen: wie ist es irgend möglich, daß das Wohl und Wehe *eines andern* unmittelbar, d. h. ganz so wie sonst nur mein eigenes, meinen Willen bewege, also direkt mein Motiv werde, und sogar es bisweilen in dem Grade werde, daß ich demselben mein eigenes Wohl und Wehe, diese sonst alleinige Quelle meiner Motive, mehr oder weniger nachsetze? – Offenbar nur dadurch, daß jener andere *der letzte Zweck* meines Willens wird, ganz so wie sonst ich selbst es bin: also dadurch, daß ich ganz unmittelbar *sein* Wohl will und *sein* Wehe nicht will, so unmittelbar, wie sonst nur das *meinige*. Dies aber setzt notwendig voraus, daß ich bei *seinem* Wehe als solchem geradezu mitleide, *sein* Wehe fühle, wie sonst nur meines, und deshalb sein Wohl unmittelbar will, wie sonst nur meines. Dies erfordert aber, daß ich auf irgendeine Weise *mit ihm identifiziert* sei, d. h., daß jener gänzliche *Unterschied* zwischen mir und jedem andern, auf welchem gerade mein Egoismus beruht, wenigstens in einem gewissen Grade aufgehoben sei. Da ich nun aber doch nicht *in der Haut des andern* stecke, so kann allein vermittelst der *Erkenntnis,* die ich von ihm habe, d. h. der Vorstellung von ihm in meinem Kopf, ich mich so weit mit ihm identifizieren, daß meine Tat jenen Unterschied als aufgehoben ankündigt. Der hier analysierte Vorgang aber ist kein erträumter oder aus der Luft gegriffener, sondern ein ganz wirklicher, ja keineswegs seltener: es ist das alltägliche Phänomen des *Mitleids,* d. h. der ganz unmittelbaren, von allen anderweitigen Rücksichten unabhängigen *Teilnahme* zunächst am *Leiden* eines andern und dadurch an der Verhinderung oder Aufhebung dieses Leidens, als worin zuletzt alle Befriedigung und alles Wohlsein und Glück besteht. Dieses Mitleid ganz allein ist die wirkliche Basis aller *freien* Gerechtigkeit und aller *echten* Menschenliebe. Nur sofern eine Handlung aus ihm entsprungen ist, hat sie moralischen Wert: und jede aus irgend welchen andern Motiven hervorgehende hat keinen. Sobald dieses Mitleid rege wird, liegt mir das Wohl und Wehe des andern unmittelbar am Herzen, ganz in derselben Art, wenn auch nicht stets in demselben Grade, wie sonst allein das meinige: also ist jetzt der Unterschied zwischen ihm und mir kein absoluter mehr . . .

Wie ist es möglich, daß ein Leiden, welches nicht *meines* ist, nicht *mich* trifft, doch ebenso unmittelbar wie sonst nur mein eigenes, Motiv für mich werden, mich zum Handeln bewegen soll? Es ist möglich nur dadurch, daß ich es, obgleich mir nur als ein Äußeres, bloß vermittelst der äußern Anschauung oder Kunde gegeben, dennoch *mitempfinde*, es als *meines fühle*, und doch nicht *in mir*, sondern in *einem andern* . . . Dies aber setzt voraus, daß ich mich mit dem andern gewissermaßen identifiziert habe, und folglich die Schranke zwischen Ich und Nicht-Ich für den Augenblick aufgehoben sei. Nur dann wird die Angelegenheit des andern, sein Bedürfnis, seine Not, sein Leiden unmittelbar zum meinigen: dann erblicke ich ihn nicht mehr wie ihn doch die empirische Anschauung gibt, als ein mir Fremdes, mir Gleichgültiges, von mir gänzlich Verschiedenes, sondern *in ihm* leide ich mit, trotz dem daß seine Haut meine Nerven nicht einschließt. Nur dadurch kann *sein* Wehe, *seine* Not, Motiv *für mich* werden, außerdem kann es durchaus nur meine eigene. *Dieser Vorgang ist mysteriös;* denn er ist etwas, wovon die Vernunft keine unmittelbare

Rechenschaft geben kann, und dessen Gründe auf dem Wege der Erfahrung nicht auszumitteln sind. Und doch ist er alltäglich. Jeder hat ihn oft an sich selbst erlebt, sogar dem Hartherzigsten und Selbstsüchtigsten ist er nicht fremd geblieben. Er tritt täglich ein vor unsern Augen, im einzelnen, im kleinen, überall, wo auf unmittelbaren Antrieb, ohne viel Überlegung ein Mensch dem andern hilft und beispringt, ja bisweilen selbst sein Leben für einen, den er zum ersten Male sieht, in die augenscheinlichste Gefahr setzt, ohne mehr dabei zu denken, als eben daß er die große Not und Gefahr des andern sieht.

## *Güte des Herzens*

Die Güte des Herzens besteht in einem tiefgefühlten, universellen Mitleid mit allem, was Leben hat, zunächst aber mit dem Menschen, weil mit der Steigerung der Intelligenz die Empfänglichkeit für das Leiden gleichen Schritt hält. Daher die unzähligen geistigen und körperlichen Leiden des Menschen das Mitleid viel stärker in Anspruch nehmen als der allein körperliche und selbst da dumpfere Schmerz des Tieres. Die Güte des Charakters wird demnach zunächst abhalten von jeder Verletzung des andern, worin es auch sei, sodann aber auch zur Hilfe auffordern, wo immer ein fremdes Leiden sich darbietet. Und auch hiermit kann es eben so weit gehn wie in umgekehrter Richtung mit der Bosheit, nämlich bis dahin, daß Charaktere von seltener Güte sich fremdes Leiden mehr zu Herzen nehmen als eigenes, und daher für andere Opfer bringen, durch welche sie selbst mehr leiden, als vorhin der, dem sie geholfen. Wo mehreren oder gar vielen zugleich dadurch zu helfen ist, werden sie erforderlichenfalls sich ganz aufopfern; so Arnold von Winkelried.

## *Eine Schönheit höherer Art*

Wie Fackeln und Feuerwerk vor der Sonne blaß und unscheinbar werden, so wird Geist, ja Genie, und ebenfalls die Schönheit, überstrahlt und verdunkelt von der Güte des Herzens. Wo diese in hohem Grade hervortritt, kann sie den Mangel jener Eigenschaften so sehr ersetzen, daß man solche vermißt zu haben sich schämt. Sogar der Beschränkteste Verstand, wie auch die groteske Häßlichkeit, werden, sobald die ungemeine Güte des Herzens sich in ihrer Begleitung kundgetan, gleichsam verklärt, umstrahlt von einer Schönheit höherer Art, indem jetzt aus ihnen eine Weisheit spricht, vor der jede andere verstummen muß. Denn die Güte des Herzens ist eine transzendente Eigenschaft, gehört einer über dieses Leben hinausreichenden Ordnung der Dinge an und ist mit jeder andern Vollkommenheit inkommensurabel. Wo sie in hohem Grade vorhanden ist, macht sie das Herz so groß, daß es die Welt umfaßt, so daß jetzt alles in ihm, nichts mehr außerhalb liegt; da sie ja alle Wesen mit dem eigenen identifiziert. Alsdann verleiht sie auch gegen andere jene grenzenlose Nachsicht, die sonst jeder nur sich selber widerfahren läßt. Ein solcher Mensch ist nicht fähig, sich zu erzürnen: sogar wenn etwa seine eigenen intellektuellen oder körperlichen Fehler den boshaften Spott und Hohn anderer hervorgerufen haben, wirft er, in seinem Herzen, nur sich selber vor, zu solchen Äußerungen der Anlaß gewesen zu sein, und fährt daher, ohne sich Zwang anzutun, fort, jene auf das liebreichste zu behandeln, zuversichtlich hoffend, daß sie von ihrem Irrtum hinsichtlich seiner zurückkommen und auch in ihm sich selber wiedererkennen werden. – Was ist dagegen Witz und Genie? Was Baco von Verulam? –

Auf dasselbe Ergebnis, welches wir hier aus der Betrachtung unserer Schätzung anderer erhalten haben, führt auch die der Schätzung des eigenen Selbst. Wie ist doch die in moralischer Hinsicht eintretende Selbstzufriedenheit so grundverschieden von der in intellektueller Hinsicht! Die erstere entsteht, indem wir, beim Rückblick auf unsern Wandel, sehn, daß wir mit schweren Opfern Treue und Redlichkeit geübt, daß wir manchem geholfen, manchem verziehn haben, besser gegen andere gewesen sind, als diese gegen uns, so daß wir mit König Lear sagen dürfen: „Ich bin ein Mann, gegen den mehr gesündigt worden, als er gesündigt hat"; und vollends, wenn vielleicht gar irgendeine edle Tat in unserer Rückerinnerung glänzt! Ein tiefer Ernst wird die stille Freude begleiten, die eine solche Musterung uns gibt: und wenn wir dabei andere gegen uns zurückstehn sehn, so wird uns dies in keinen Jubel versetzen, vielmehr werden wir es bedauern und werden aufrichtig wünschen, sie wären alle wie wir. – Wie ganz anders wirkt hingegen die Erkenntnis unserer intellektuellen Überlegenheit! . . . Übermütige triumphierende Eitelkeit, stolzes, höhnisches Herabsehn auf andere, wonnevoller Kitzel des Bewußtseins entschiedener und bedeutender Überlegenheit, dem Stolz auf körperliche Vorzüge verwandt – das ist hier das Ergebnis. – Dieser Gegensatz zwischen beiden Arten der Selbstzufriedenheit zeigt an, daß die eine unser wahres, inneres und ewiges Wesen, die andere einen mehr äußerlichen, nur zeitlichen, ja fast nur körperlichen Vorzug betrifft.

Ich weiß mir kein schöneres Gebet: „Mögen alle lebenden Wesen von Schmerzen frei bleiben."

## *Zwei verschiedene Denkweisen*

Wenn ein Anachoret [Einsiedler] allen Lebensfreuden freiwillig entsagt, jeden Genuß gleichsam mutwillig sich raubt – weil das Bewußtsein, daß er ein außerzeitliches, übersinnliches, freies, unbedingt seliges Wesen ist, in ihm erwacht ist und er dieser Erkenntnis gemäß handeln will, um eben dadurch sie stets lebendig zu erhalten – so tut er recht.

Wenn Anakreon und Horatius uns die Flüchtigkeit der Zeit ans Herz legen, um uns zu ermahnen, sie, die Trägerin aller unserer Genüsse, zum Genießen zu benutzen, den ungenossenen Augenblick für verloren achtend – so haben sie recht.

Die Wahrheit (und zugleich die Freiheit) ist, *daß der Mensch sich jeden Augenblick als sinnliches, zeitliches oder auch als ewiges Wesen betrachten kann:* sobald er eines von beiden ganz getan, folgen die beiden beschriebenen Denkweisen von selbst, und jede hat vollkommen recht und ist vollkommen wahr.

Betrachte ich mich als außerzeitlich, so ist alles, was in ein anderes Gebiet gehört und dahin mich zurückzieht, wäre es auch Genuß – Störung und Hölle für mich.

Betrachte ich mich als zeitlich, so ist nur der Augenblick, die Gegenwart mein (denn in der Zeit ist nur sie real, Vergangenheit und Zukunft sind gar nichts), sie muß ich nutzen, denn nur in ihr bin ich real und existierend.

„Aus dieser Erde quillen meine Freuden,
Und diese Sonne scheinet meinen Leiden."
[Goethe, Faust I]

Der Tod wird kommen und mir und meiner Lust ein Ende machen: das ermahnt mich Zeitwesen, die Zeit zu nutzen: doch schreckt es mich nicht, denn Nichtsein ist kein Leiden, und solange ich bin, ist der Tod nicht, und wenn der Tod ist, bin ich nicht: was ist da zu fürchten? –

In sich sind beide Denkungsarten wahr. Daß indes die Betrachtung unserer selbst als außerzeitlich in einer gewissen unaussprechbaren Beziehung die andere zu Schande macht, zeigt sich bei Betrachtung des Lasters: dies nämlich ist nicht bloß der reine Ausdruck unserer Gesinnung als zeitlicher Wesen, denn das ist eben der beschriebene Epikureismus – reine Affirmation [Bejahung] der zeitlichen Existenz. Das Laster ist etwas andres, es ist nicht bloß diese *Affirmation* – sondern eine *Negation* [Verneinung] ist hinzugekommen („die Geister, die verneinen", d. i. Teufel – Goethes Faust), eine förmliche Negation des Ewigen, eine gänzliche Verleugnung und Vernichtung desselben in uns. Beim bloßen Gedanken an solchen Zustand schaudert jeder, das Verzweifelte desselben ist dargestellt im Franz Moor, Lady Macbeth, König Richard III.

Die *Tugend* ist Affirmation des außerzeitlichen Seins, sie ist ja der unmittelbare Ausdruck des Bewußtseins eines solchen: reine Affirmation. – Bei der Asketik aber ist noch eine absichtliche Negation hinzugekommen, die förmliche Verleugnung, Zurückweisung alles Zeitlichen als solchen: Doch sehn wir in ihrer Folge keine Gewissensangst, keinen Franz Moor. Im Gegenteil läßt sich sagen, daß dieses Negieren dessen, was die Affirmation der Tugend so erschwert, das beste Mittel ist, um jener Affirmation gewiß zu sein. Manche Menschen mögen zu dieser bereit sein mitten im Genuß; mögen fähig sein, wenn sie auch alle Zeit sich bloß als zeitliche Wesen affirmiert haben, wo notwendige Wahl eintritt, sich als solche zu negieren und als ewige zu affirmieren. Die, könnte man sagen, haben den Genuß im Kauf. – Andere mögen aber so beschaffen sein, daß sie sich nicht dem Genuß dessen hingeben mögen, was sie aufzugeben jeden Augenblick bereit sein sollen, daß sie vielmehr, um hiezu bereit zu sein, den Unwert des Aufzugebenden stets vor Augen behalten müssen . . . sie sind die wahren Anachoreten, Mönche, Kyniker, Quäker, Herrnhuter, Goethes schöne Seele u. a.

## *Der Wille wendet sich*

Vergleichen wir das Leben einer Kreisbahn aus glühenden Kohlen mit einigen kühlen Stellen, welche Bahn wir unablässig zu durchlaufen hätten, so tröstet den im Wahn Befangenen die kühle Stelle, auf der er jetzt eben steht oder die er nahe vor sich sieht, und er fährt fort, die Bahn zu durchlaufen. Jener aber, der, das principium individuationis durchschauend, das Wesen der Dinge an sich und dadurch das Ganze erkennt, ist solchen Trostes nicht mehr empfänglich. Er sieht sich an allen Stellen zugleich und tritt heraus. – Sein Wille wendet sich, bejaht nicht mehr sein eigenes, sich in der Erscheinung spiegelndes Wesen, sondern verneint es. Das Phänomen, wodurch dieses sich kundgibt, ist der Übergang von der Tugend zur *Aszesis*. Nämlich es genügt ihm nicht mehr, andere sich selbst gleich zu lieben und für sie soviel zu tun wie für sich, sondern es entsteht in ihm eine Abscheu vor dem Wesen, dessen Ausdruck seine eigene Erscheinung ist, dem Willen zum Leben, dem Kern und Wesen jener als jammervoll erkannten Welt. Er verleugnet daher eben dieses in ihm erscheinende und schon durch seinen Leib ausgedrückte Wesen, und sein Tun straft jetzt seine Erscheinung Lügen, tritt in offenen Widerspruch mit derselben. Wesentlich nichts anderes als Erscheinung des Willens, hört er auf, irgend etwas zu wollen, hütet sich, seinen Willen an irgend etwas zu hängen, sucht die größte Gleichgültigkeit gegen alle Dinge in sich zu befestigen.

### *Bild des Heiligen*

Der innere Geist und Sinn des echten Klosterlebens, wie der Aszese überhaupt, ist dieser, daß man sich eines bessern Daseins, als unseres ist, würdig und fähig erkannt hat und diese Überzeugung dadurch bekräftigen und erhalten will, daß man, was diese Welt bietet, verachtet, alle ihre Genüsse als wertlos von sich wirft und nun das Ende dieses, seines eitlen Köders beraubten Lebens mit Ruhe und Zuversicht abwartet, um einst die Stunde des Todes, als die der Erlösung, willkommen zu heißen. ... Allerdings entspricht bei keiner Sache die Praxis so selten der Theorie wie beim Mönchtum ... Ein echter Mönch ist ein höchst ehrwürdiges Wesen. Aber in den allermeisten Fällen ist die Kutte ein bloßer Maskenanzug, in welchem so wenig wie in dem auf der Maskerade ein wirklicher Mönch steckt.

Die Aszesis zeigt sich in freiwilliger und absichtlicher Armut, die nicht nur per accidens entsteht, indem das Eigentum weggegeben wird, um fremde Leiden zu mildern, sondern hier schon Zweck an sich ist, dienen soll als stete Mortifikation [Abtötung] des Willens, damit nicht die Befriedigung der Wünsche, die Süße des Lebens den Willen wieder aufrege, gegen welchen die Selbsterkenntnis Abscheu gefaßt hat. Der zu diesem Punkt Gelangte spürt als belebter Leib, als konkrete Willenserscheinung noch immer die Anlage zu Wollen jeder Art, aber er unterdrückt sie absichtlich, indem er sich zwingt, nichts zu tun von allem, was er wohl möchte, hingegen alles zu tun, was er nicht möchte, selbst wenn es keinen weitern Zweck hat als eben den, zur Mortifikation des Willens zu dienen. Da er den in seiner Person erscheinenden Willen selbst verneint, wird er nicht widerstreben, wann ein anderer dasselbe tut, das heißt ihm Unrecht zufügt. Darum ist ihm jedes von außen, durch Zufall oder fremde Bosheit auf ihn kommende Leiden willkommen, jeder Schaden, jede Schmach, jede Beleidigung, er empfängt sie freudig als die Gelegenheit, sich selber die Gewißheit zu geben, daß er den Willen nicht mehr bejaht, sondern freudig die Partei jedes Feindes der Willenserscheinung, die seine eigene Person ist, ergreift. Er erträgt daher solche Schmach und Leiden mit unerschöpflicher Geduld und Sanftmut, vergilt das Böse ohne Ostentation [ohne Schaustellung] mit Gutem und läßt das Feuer des Zornes so wenig als das der Begierde je in sich wieder erwachen. – Wie den Willen selbst, so mortifiziert er die Sichtbarkeit, die Objektivität desselben, den Leib. Er nährt ihn kärglich, damit sein üppiges Blühen und Gedeihen nicht auch den Willen, dessen bloßer Ausdruck und Spiegel er ist, neu belebe und stärker anrege. So greift er zum Fasten, ja er greift zur Kasteiung und Selbstpeinigung, um durch stetes Entbehren und Leiden den Willen mehr und mehr zu brechen und zu töten, den er als die Quelle des eigenen und der Welt leidenden Daseins erkennt und verabscheut. – Kommt endlich der Tod, der diese Erscheinung jenes Willens auflöst, dessen Wesen hier, durch freie Verneinung seiner selbst, schon längst bis auf den schwachen Rest, der als Belebung dieses Leibes erschien, abgestorben war, so ist er als ersehnte Erlösung hoch willkommen und wird freudig empfangen. Mit ihm endigt hier nicht wie bei andern bloß die Erscheinung, sondern das Wesen selbst ist aufgehoben, welches hier nur noch in der Erscheinung und durch sie ein schwaches Dasein hatte, welches letzte mürbe Band nun auch zerreißt. Für den, welcher so endet, hat zugleich die Welt geendigt.

### *Verneinung des Willens zum Leben*

Ein Mensch, der nach vielen bitteren Kämpfen gegen seine eigene Natur endlich ganz überwunden hat, ist nur noch als rein erkennendes Wesen, als ungetrübter Spiegel der Welt übrig. Ihn kann nichts ängstigen, nichts mehr bewegen; denn alle die tausend Fäden des Wollens, welche uns an die Welt gebunden halten und als Begierde, Furcht, Neid, Zorn uns hin- und herreißen unter beständigem Schmerz, hat er abgeschnitten. Er blickt nun ruhig und lächelnd zurück auf die Gaukelbilder dieser Welt, die einst auch sein Gemüt zu bewegen und zu peinigen vermochten, die aber jetzt so gleichgültig vor ihm stehn wie die Schachfiguren nach geendigtem Spiel oder wie am Morgen die abgeworfenen Maskenkleider, deren Gestalten uns in der Faschingsnacht neckten und beunruhigten. Das Leben und seine Gestalten schweben nur noch vor ihm, wie eine flüchtige Erscheinung, wie dem Halberwachten ein leichter Morgentraum, durch den schon die Wirklichkeit durchschimmert und der nicht mehr täuschen kann; und eben auch wie dieser verschwinden sie zuletzt ohne gewaltsamen Übergang.

## *Die Meeresstille des Gemüts*

Vor uns bleibt allerdings nur das Nichts. Aber das, was sich gegen dieses Zerfließen ins Nichts sträubt, unsere Natur, ist ja eben nur der Wille zum Leben, der wir selbst sind, wie er unsere Welt ist. Daß wir so sehr das Nichts verabscheuen, ist nichts weiter als ein anderer Ausdruck davon, daß wir so sehr das Leben wollen und nichts sind als dieser Wille und nichts kennen als eben ihn. – Wenden wir aber den Blick von unserer eigenen Dürftigkeit und Befangenheit auf diejenigen, welche die Welt überwanden, in denen der Wille, zur vollen Selbsterkenntnis gelangt, sich in allem wiederfand und dann sich selbst frei verneinte, und welche dann nur noch seine letzte Spur mit dem Leibe, den sie belebt, verschwinden zu sehn abwarten, so zeigt sich uns statt des rastlosen Dranges und Treibens, statt des steten Überganges von Wunsch zu Furcht und von Freude zu Leid, statt der nie befriedigten und nie ersterbenden Hoffnung, daraus der Lebenstraum des wollenden Menschen besteht, jener Friede, der höher ist als alle Vernunft, jene gänzliche Meeresstille des Gemüts, jene tiefe Ruhe, unerschütterliche Zuversicht und Heiterkeit, deren bloßer Abglanz im Antlitz, wie ihn Raffael und Correggio dargestellt haben, ein ganzes und sicheres Evangelium ist. Nur die Erkenntnis ist geblieben, der Wille ist verschwunden. Wir aber blicken dann mit tiefer und schmerzlicher Sehnsucht auf diesen Zustand, neben welchem das Jammervolle und Heillose unsers eigenen durch den Kontrast in vollem Lichte erscheint. Dennoch ist diese Betrachtung die einzige, welche uns dauernd trösten kann, wenn wir einerseits unheilbares Leiden und endlosen Jammer als der Erscheinung des Willens, der Welt, wesentlich erkannt haben und andererseits, bei aufgehobenem Willen, die Welt zerfließen sehn und nur das leere Nichts vor uns behalten. Also auf diese Weise, durch Betrachtung des Lebens und Wandels der Heiligen, welchen in der eigenen Erfahrung zu begegnen freilich selten vergönnt ist, aber welche ihre aufgezeichnete Geschichte und mit dem Stempel innerer Wahrheit verbürgt, die Kunst uns vor die Augen bringt, haben wir den finstern Eindruck jenes Nichts, das als das letzte Ziel hinter aller Tugend und Heiligkeit schwebt, und das wir, wie die Kinder das Finstere, fürchten, zu verscheuchen, statt selbst es zu umgehn, wie die Inder, durch Mythen und bedeutungsleere Worte, wie Resorption [Aufnahme] in das *Brahm* oder *Nirwana* der Buddhaisten. Wir bekennen es vielmehr frei: was nach gänzlicher Aufhebung des Willens übrigbleibt, ist für alle die, welche noch des Willens voll sind, allerdings nichts. Aber auch umgekehrt ist denen, in welchen der Wille sich gewendet und verneint hat, diese unsere so sehr reale Welt mit allen ihren Sonnen und Milchstraßen – nichts.

## VIII. DER MENSCHLICHE CHARAKTER

### *Ein wildes Tier*

Der Mensch ist im Grunde ein wildes, entsetzliches Tier. Wir kennen es bloß im Zustande der Bändigung und Zähmung, welcher Zivilisation heißt: daher erschrecken uns die gelegentlichen Ausbrüche seiner Natur. Aber wo und wann einmal Schloß und Kette der gesetzlichen Ordnung abfallen und Anarchie eintritt, da zeigt sich, was er ist ...

Gobineau hat den Menschen l'animal méchant par excellence [das recht eigentlich böse Tier] genannt, welches die Leute übelnehmen, weil sie sich getroffen fühlen; er hat aber recht: denn der Mensch ist das einzige Tier, welches andern Schmerz verursacht, ohne weitern Zweck als eben diesen. Die andern Tiere tun es nie anders, als um ihren Hunger zu befriedigen; oder im Zorn des Kampfes. Wenn dem Tiger nachgesagt wird, er töte mehr, als er auffresse, so würgt er alles doch nur in der Absicht, es zu fressen, und es liegt bloß daran, daß, wie die französische Redensart es ausdrückt, ses yeux sont plus grands que son estomac [seine Augen sind größer als sein Magen]. Kein Tier jemals quält, bloß um zu quälen; aber dies tut der Mensch, und dies macht den teuflischen Charakter aus, der weit ärger ist als der bloß tierische. Von der Sache im Großen ist schon geredet: aber auch im Kleinen wird sie deutlich; wo denn jeder sie zu beobachten täglich Gelegenheit hat. Z. B. wenn zwei junge Hunde miteinander spielen, so friedlich und lieblich anzusehn – und ein Kind von drei bis vier Jahren kommt dazu; so wird es sogleich mit seiner Peitsche oder Stock heftig darein schlagen, fast unausbleiblich, und dadurch zeigen, daß es schon l'animal méchant par excellence ist. Sogar auch die so häufige zwecklose Neckerei und der Schabernack entspringt aus dieser Quelle. Z. B. hat man etwa über irgendeine Störung oder sonstige kleine Unannehmlichkeit sein Mißbehagen geäußert; so wird es nicht an Leuten fehlen, die sie gerade deshalb zuwege bringen: l'animal méchant par excellence! Das ist so gewiß, daß man sich hüten soll, sein Mißfallen an kleinen Übelständen zu äußern; sogar auch umgekehrt sein Wohlgefallen an irgendeiner Kleinigkeit. Denn im letztern Fall werden sie es machen wie jener Gefängniswärter, der, als er entdeckte, daß sein Gefangener das mühsame Kunststück vollbracht hatte, eine Spinne zahm zu machen und an ihr seine Freude hatte, sie sogleich zertrat: l'animal méchant par excellence! Darum fürchten alle Tiere instinktmäßig den Anblick, ja, die Spur des Menschen – des animal méchant par excellence. Der Instinkt trügt auch hier nicht: denn allein der Mensch macht Jagd auf das Wild, welches ihm weder nützt noch schadet . . .

Wirklich also liegt im Herzen eines jeden ein wildes Tier, das nur auf Gelegenheit wartet, um zu toben und zu rasen, indem es andern wehe tun und, wenn sie gar ihm den Weg versperren, sie vernichten möchte: es ist eben das, woraus alle Kampf- und Kriegslust entspringt; und eben das, welches zu bändigen und einigermaßen in Schranken zu halten die Erkenntnis, sein beigegebener Wächter, stets vollauf zu tun hat. Immerhin mag man es das radikale Böse nennen, als womit wenigstens denen, welchen ein Wort die Stelle einer Erklärung vertritt, gedient sein wird. Ich aber sage: es ist der Wille zum Leben, der, durch das stete Leiden des Daseins mehr und mehr erbittert, seine eigene Qual durch das Verursachen der fremden zu erleichtern sucht. Aber auf diesem Wege entwickelt er sich allmählich zur eigentlichen Bosheit und Grausamkeit. Auch kann man hierzu die Bemerkung machen, daß, wie, nach Kant, die Materie nur durch den Antagonismus der Expansions- und Kontraktionskraft besteht; so die menschliche Gesellschaft nur durch den des Hasses oder Zorns und der Furcht. Denn die Gehässigkeit unserer Natur würde vielleicht jeden einmal zum Mörder machen, wenn ihr nicht eine gehörige Dosis Furcht beigegeben wäre, um sie in Schranken zu halten; und wiederum diese allein würde ihn zum Spott und Spiel jedes Buben machen, wenn nicht in ihm der Zorn bereit läge und Wache hielte.

Der schlechteste Zug in der menschlichen Natur bleibt aber die *Schadenfreude*, da sie der Grausamkeit enge verwandt ist, ja eigentlich von dieser sich nur wie Theorie und Praxis unterscheidet, überhaupt aber da eintritt, wo das Mitleid seine Stelle finden sollte, welches ... die wahre Quelle aller echten Gerechtigkeit und Menschenliebe ist. In einem andern Sinne dem Mitleid entgegengesetzt ist der *Neid;* sofern er nämlich durch den entgegengesetzten Anlaß hervorgerufen wird: sein Gegensatz zum Mitleid beruht also zunächst auf dem Anlaß, und erst infolge hievon zeigt er sich auch in der Empfindung selbst. Daher eben ist der Neid, wenngleich verwerflich, doch noch einer Entschuldigung fähig und überhaupt menschlich; während die Schadenfreude teuflisch und ihr Hohn das Gelächter der Hölle ist. Sie tritt, wie gesagt, gerade da ein, wo Mitleid eintreten sollte; der Neid hingegen doch nur da, wo kein Anlaß zu diesem, vielmehr zum Gegenteil desselben vorhanden ist; und eben als dieses Gegenteil entsteht er in der menschlichen

Brust, mithin so weit noch als eine menschliche Gesinnung: ja, ich befürchte, daß keiner ganz frei davon befunden werden wird. Denn daß der Mensch beim Anblick fremden Genusses und Besitzes den eigenen Mangel bitterer fühle, ist natürlich, ja, unvermeidlich: nur sollte dies nicht seinen Haß gegen den Beglückteren erregen: gerade hierin aber besteht der eigentliche Neid.

## *Der Egoismus*

Die Haupt- und Grundtriebfeder im Menschen wie im Tiere ist der *Egoismus*, d. h. der Drang zum Dasein und Wohlsein ... Dieser Egoismus ist im Tiere wie im Menschen mit dem innersten Kern und Wesen desselben aufs genaueste verknüpft, ja, eigentlich identisch. Daher entspringen in der Regel alle seine Handlungen aus dem Egoismus, und aus diesem zunächst ist allemal die Erklärung einer gegebenen Handlung zu versuchen; wie denn auch auf denselben die Berechnung aller Mittel, dadurch man den Menschen nach irgendeinem Ziele hinzulenken sucht, durchgängig gegründet ist. Der Egoismus ist seiner Natur nach grenzenlos: der Mensch will unbedingt sein Dasein erhalten, will es von Schmerzen, zu denen auch aller Mangel und Entbehrung gehört, unbedingt frei, will die größtmögliche Summe von Wohlsein und will jeden Genuß, zu dem er fähig ist, ja, sucht womöglich noch neue Fähigkeiten zum Genusse in sich zu entwickeln. Alles, was sich dem Streben seines Egoismus entgegenstellt, erregt seinen Unwillen, Zorn, Haß: er wird es als seinen Feind zu vernichten suchen. Er will womöglich alles genießen, alles haben; da aber dies unmöglich ist, wenigstens alles beherrschen: „Alles für mich, und nichts für die andern", ist sein Wahlspruch. Der Egoismus ist kolossal: er überragt die Welt. Denn, wenn jedem einzelnen die Wahl gegeben würde zwischen seiner eigenen und der übrigen Welt Vernichtung, so brauche ich nicht zu sagen, wohin sie, bei den allermeisten, ausschlagen würde. Demgemäß macht jeder sich zum Mittelpunkt der Welt, bezieht alles auf sich und wird, was nur vorgeht, z. B. die größten Veränderungen im Schicksal der Völker, zunächst auf *sein* Interesse dabei beziehen und, sei dieses auch noch so klein und mittelbar, vor allem daran denken. Keinen größern Kontrast gibt es als den zwischen dem hohen und exklusiven Anteil, den jeder an seinem eigenen Selbst nimmt, und der Gleichgültigkeit, mit der in der Regel alle andern eben jenes Selbst betrachten, wie er ihres. Es hat sogar seine komische Seite, die zahllosen Individuen zu sehn, deren jedes, wenigstens in praktischer Hinsicht, sich allein für *real* hält und die andern gewissermaßen als bloße Phantome betrachtet...

Dieses also sind die Elemente, woraus, auf der Basis des Willens zum Leben, der Egoismus erwächst, welcher zwischen Mensch und Mensch stets wie ein breiter Graben liegt. Springt wirklich einmal einer darüber, dem andern zu Hilfe, so ist es wie ein Wunder, welches Staunen erregt und Beifall einerntet...

Bei Erläuterung des Kantischen Moralprinzips habe ich Gelegenheit gehabt auszuführen, wie der Egoismus sich im Alltagsleben zeigt, wo er, trotz der Höflichkeit, die man ihm als Feigenblatt vorsteckt, doch stets aus irgendeiner Ecke hervorguckt. Die Höflichkeit nämlich ist die konventionelle und systematische Verleugnung des Egoismus in den Kleinigkeiten des täglichen Verkehrs und ist freilich anerkannte Heuchelei: dennoch wird sie gefordert und gelobt; weil, was sie verbirgt, der Egoismus, so garstig ist, daß man es nicht sehn will, obschon man weiß, daß es da ist: wie man widerliche Gegenstände wenigstens durch einen Vorhang bedeckt wissen will...

Indem ich, um ohne Weitläufigkeit die Stärke dieser antimoralischen Potenz auszudrücken, darauf bedacht war, die Größe des Egoismus mit einem Zuge zu bezeichnen und deshalb nach irgendeiner recht emphatischen Hyperbel suchte, bin ich zuletzt auf diese geraten: mancher Mensch wäre imstande, einen andern totzuschlagen, bloß um mit dessen Fette sich die Stiefel zu schmieren. Aber dabei blieb mir doch der Skrupel, ob es auch wirklich eine Hyperbel sei.

Dieser Egoismus nämlich, von dem wir alle strotzen, und welchen als unsere partie honteuse zu verstecken wir die Höflichkeit erfunden haben, guckt aus allen ihm übergeworfenen Schleiern meistens dadurch hervor, daß wir in jedem, der uns vorkommt, wie instinktmäßig zunächst nur ein mögliches Mittel zu irgendeinem unserer stets zahlreichen Zwecke suchen.

Wer im Kleinen rücksichtslos ist, wird im Großen ruchlos sein. – Wer die kleinen Charakterzüge unbeachtet läßt, hat es sich selber zuzuschreiben, wenn er nachmals aus den großen den betreffenden Charakter, zu seinem Schaden, kennenlernt. – Nach demselben Prinzip soll man auch mit sogenannten guten Freunden, selbst über Kleinigkeiten, wenn sie einen boshaften oder schlechten oder gemeinen Charakter verraten, sogleich brechen, um dadurch ihren großen schlechten Streichen vorzubeugen, die nur auf Gelegenheit warten, sich einzustellen. Stets denke man: Besser allein als unter Verrätern.

## *Erkenne dich selbst!*

*Der erworbene Charakter* ist nichts anderes als möglichst vollkommene Kenntnis der eigenen Individualität. Es ist das abstrakte, folglich deutliche Wissen von den unabänderlichen Eigenschaften seines eigenen empirischen Charakters und von dem Maß und der Richtung seiner geistigen und körperlichen Kräfte, also von den gesamten Stärken und Schwächen der eigenen Individualität. Dies setzt uns in den Stand, die an sich einmal unveränderliche Rolle der eigenen Person besonnen und methodisch durchzuführen und die Lücken, welche Launen oder Schwächen darin verursachen, nach Anleitung fester Begriffe auszufüllen. Die durch unsere individuelle Natur ohnehin notwendige Handlungsweise haben wir jetzt auf deutlich bewußte und stets gegenwärtige Maximen gebracht, nach denen wir sie so besonnen durchführen, als wäre es eine erlernte, ohne hierbei je irre zu werden durch den vorübergehenden Einfluß der Stimmung oder des Eindrucks der Gegenwart, ohne gehemmt zu werden durch das Bittere oder Süße einer im Wege angetroffenen Einzelheit, ohne Zaudern, ohne Schwanken, ohne Inkonsequenzen. Wir werden nun nicht mehr als Neulinge warten, versuchen, umhertappen, um zu sehn, was wir eigentlich wollen und was wir vermögen, sondern wir wissen es ein für allemal, haben bei jeder Wahl nur allgemeine Sätze auf einzelne Fälle anzuwenden und gelangen gleich zum Entschluß. Wir kennen unsern Willen im allgemeinen und lassen uns nicht durch Stimmung oder äußere Aufforderung verleiten, im einzelnen zu beschließen, was ihm im ganzen entgegen ist. Wir kennen ebenso die Art und das Maß unserer Kräfte und unserer Schwächen und werden uns dadurch viele Schmerzen ersparen. Denn es gibt eigentlich gar keinen Genuß anders als im Gebrauch und Gefühl der eigenen Kräfte, und der größte Schmerz ist wahrgenommener Mangel an Kräften, wo man ihrer bedarf. Haben wir nun erforscht, wo unsere Stärken und wo unsere Schwächen liegen, so werden wir unsere hervorstechenden natürlichen Anlagen ausbilden, gebrauchen, auf alle Weise zu nutzen suchen und immer uns dahin wenden, wo diese taugen und gelten, aber durchaus und mit Selbstüberwindung die Bestrebungen vermeiden, zu denen wir von Natur geringe Anlagen haben, werden uns hüten, das zu versuchen, was uns doch nicht gelingt. Nur wer dahin gelangt ist, wird stets mit voller Besonnenheit ganz er selbst sein und wird nie von sich selbst im Stiche gelassen werden, weil er immer wußte, was er sich selber zumuten konnte. Er wird alsdann oft der Freude teilhaft werden, seine Stärken zu fühlen, und selten den Schmerz erfahren, an seine Schwächen erinnert zu werden; welches letztere Demütigung ist, die vielleicht den größten Geistesschmerz verursacht. Daher man es viel besser ertragen kann, sein Mißgeschick als sein Ungeschick deutlich ins Auge zu fassen.

## *Der Charakter des Menschen ist individuell*

Zwar liegt der Charakter der Spezies allen zugrunde, daher die Haupteigenschaften sich in jedem wiederfinden. Allein hier ist ein so bedeutendes Mehr und Minder des Grades, eine solche Verschiedenheit der Kombination und Modifikation der Eigenschaften durcheinander, daß man annehmen kann, der moralische Unterschied der Charaktere komme dem der intellektuellen Fähigkeiten gleich, was viel sagen will, und beide seien ohne Vergleich größer als die körperliche Verschiedenheit zwischen Riese und Zwerg, Apollo und Thersites. Daher ist die Wirkung desselben Motivs auf verschiedene Menschen eine ganz verschiedene; wie das Sonnenlicht Wachs weiß, aber Chlorsilber schwarz färbt, die Wärme Wachs erweicht, aber Ton verhärtet. Deshalb kann man aus der Erkenntnis des Motivs allein nicht die Tat vorhersagen, sondern muß hierzu auch den Charakter genau kennen.

Zu bewundern ist es, wie die *Individualität jedes Menschen* (d. h. dieser bestimmte Charakter mit diesem bestimmten Intellekt), gleich einem eindringenden Färbestoff, alle Handlungen und Gedanken desselben, bis auf die unbedeutendsten herab, genau bestimmt. Infolge wovon der ganze Lebenslauf, d. h. die äußere und innere Geschichte, des einen so grundverschieden von der des andern ausfällt. Wie ein Botaniker an einem Blatte die ganze Pflanze erkennt; wie *Cuvier* aus einem Knochen das ganze Tier konstruierte, so kann man aus *einer* charakteristischen Handlung eines Menschen eine richtige Kenntnis seines Charakters erlangen, also ihn gewissermaßen daraus konstruieren, sogar auch wenn diese Handlung eine Kleinigkeit betrifft, ja dann oft am besten, denn bei wichtigern Dingen nehmen die Leute sich in acht, bei Kleinigkeiten folgen sie ohne vieles Bedenken ihrer Natur.

## *Der Charakter des Menschen ist empirisch*

Durch Erfahrung allein lernt man ihn kennen, nicht bloß an andern, sondern auch an sich selbst. Daher wird man oft wie über andere so auch über sich selbst enttäuscht, wenn man entdeckt, daß man diese oder jene Eigenschaft, z. B. Gerechtigkeit, Uneigennützigkeit, Mut, nicht in dem Grade besitzt, als man gütigst voraussetzte. Daher auch bleibt bei einer vorliegenden schweren Wahl unser eigener Entschluß gleich einem fremden uns selber so lange ein Geheimnis, bis jene entschieden ist: bald glauben wir, daß sie auf diese, bald daß sie auf jene Seite fallen werde, je nachdem dieses oder jenes Motiv dem Willen von der Erkenntnis näher vorgehalten wird und seine Kraft an ihm versucht, wobei denn jenes „ich kann tun, was ich will" den Schein der Willensfreiheit hervorbringt. Endlich macht das stärkere Motiv seine Gewalt über den Willen geltend, und die Wahl fällt oft anders aus, als wir anfangs vermuteten.

## *Der Mensch ändert sich nie*

Der Charakter des Menschen ist *konstant*. Er bleibt derselbe, das ganze Leben hindurch. Unter der veränderlichen Hülle seiner Jahre, seiner Verhältnisse, selbst seiner Kenntnisse und Ansichten steckt, wie ein Krebs in seiner Schale, der identische und eigentliche Mensch, ganz unverändert und immer derselbe. Bloß in der Richtung und dem Stoff erfährt sein Charakter die scheinbaren Modifikationen, welche Folge der Verschiedenheit der Lebensalter und ihrer Bedürfnisse sind. *Der Mensch ändert sich nie:* Wie er in einem Falle gehandelt hat, so wird er unter völlig gleichen Umständen (zu denen jedoch auch die richtige Kenntnis dieser Umstände gehört) stets wieder handeln. Die Bestätigung dieser Wahrheit kann man aus der täglichen Erfahrung entnehmen: am frappantesten aber erhält man sie, wenn man einen Bekannten nach zwanzig bis dreißig Jahren wiederfindet und ihn nun bald genau auf denselben Streichen betrifft wie ehemals.

## *Der Vorsatz, sich zu bessern*

Wer, durch Erfahrung oder fremde Ermahnung belehrt, einen Grundfehler seines Charakters erkennt und beklagt, faßt wohl den festen und redlichen Vorsatz, sich zu bessern und ihn abzulegen, trotzdem aber erhält bei nächster Gelegenheit der Fehler freien Lauf. Neue Reue, neuer Vorsatz, neues Vergehen. Wenn dies einige Male so durchgemacht ist, wird er inne, daß er sich nicht bessern kann, daß der Fehler in seiner Natur und Persönlichkeit liegt, ja mit dieser eins ist. Jetzt wird er seine Natur und Persönlichkeit mißbilligen und verdammen, ein schmerzliches Gefühl haben, welches bis zur Gewissenspein steigen kann; aber jene zu ändern vermag er nicht.

## *Charakter und Motive*

Wirklich ist die Grundlage und Propädeutik [Vorschule] zu aller Menschenkenntnis die Überzeugung, daß das Handeln des Menschen, im ganzen und wesentlichen, nicht von seiner Vernunft und deren Vorsätzen geleitet wird. Daher keiner dieses oder jenes dadurch wird, daß er es, wenn auch noch so gern, sein möchte: sondern aus seinem angeborenen und unveränderlichen Charakter geht sein Tun hervor, wird näher und im besonderen bestimmt durch die Motive, ist folglich das notwendige Produkt dieser beiden Faktoren.

## *Kann ich tun, was ich will?*

Das *Selbstbewußtsein* eines jeden sagt sehr deutlich aus, daß er tun kann, was er will. Da nun auch ganz entgegengesetzte Handlungen als von ihm gewollt gedacht werden können, so folgt allerdings, daß er auch Entgegengesetztes tun kann, wenn er will. Dies verwechselt nun der rohe Verstand damit, daß er, in einem gegebenen Fall, auch Entgegengesetztes wollen könne, und nennt dies die Freiheit des Willens. Allein daß er, in einem gegebenen Fall, Entgegengesetztes wollen könne, ist schlechterdings nicht in obiger Aussage enthalten, sondern bloß dies, daß von zwei entgegengesetzten Handlungen er, wenn er diese will, sie tun kann, und wenn er jene will, sie ebenfalls tun kann: ob er aber die eine sowohl als die andere, im gegebenen Fall, wollen könne, bleibt dadurch unausgemacht und ist Gegenstand einer tieferen Untersuchung, als durch das bloße Selbstbewußtsein entschieden werden kann. Die kürzeste, wenngleich scholastische Formel für dieses Resultat würde lauten: die Aussage des Selbstbewußtseins betrifft den Willen bloß a parte post [hinsichtlich des Nachher, d. h. des auf den Willensakt Erfolgenden]; die Frage nach der Freiheit hingegen a parte ante [hinsichtlich des Vorher, d. h. des Zustandekommens dieses Willensaktes selbst]. – Also jene unleugbare Aussage des Selbstbewußtseins „ich kann tun, was ich will" enthält und entscheidet durchaus nichts über die Freiheit des Willens, als welche darin bestehn würde, daß der jedesmalige Willensakt selbst, im einzelnen individuellen Fall, also bei gegebenem individuellen Charakter, nicht durch die äußern Umstände, in denen hier dieser Mensch sich befindet, notwendig bestimmt würde, sondern jetzt so und auch anders anfallen könnte. Hierüber aber bleibt das Selbstbewußtsein völlig stumm: denn die Sache liegt ganz außer seinem Bereich; da sie auf dem Kausalverhältnis zwischen der Außenwelt und dem Menschen beruht. Wenn man einen Menschen von gesundem Verstande, aber ohne philosophische Bildung fragt, worin denn die auf Aussage seines Selbstbewußtseins so zuverlässig von ihm behauptete Willensfreiheit bestehe, so wird er antworten: „Darin, daß ich tun kann, was ich will, sobald ich nicht physisch gehemmt bin." Also ist es immer das Verhältnis seines Tuns zu seinem Wollen, wovon er redet. Dies aber ist noch bloß die physische Freiheit. Fragt man ihn weiter, ob er alsdann, im gegebenen Fall, sowohl eine Sache als ihr Gegenteil wollen könne, so wird er zwar im ersten Eifer es bejahen: sobald er aber den Sinn der Frage zu begreifen anfängt, wird er auch anfangen, bedenklich zu werden, endlich in Unsicherheit und Verwirrung geraten und aus dieser sich am liebsten wieder hinter sein Thema „ich kann tun, was ich will" retten und daselbst gegen alle Gründe und alles Räsonnement verschanzen. Die berichtigte Antwort auf sein Thema aber würde lauten: „Du kannst tun, was du willst, aber du kannst, in jedem gegebenen Augenblick deines Lebens, nur ein Bestimmtes wollen und schlechterdings nichts anderes als dieses eine . . ."

### *Im Zwang der Motive*

Um die Entstehung des so wichtigen Irrtums [in unserem Selbstbewußtsein liege die Gewißheit einer Freiheit unsers Willen] speziell und aufs deutlichste zu erläutern, wollen wir uns einen Menschen denken, der, etwa auf der Gasse stehend, zu sich sagte: „Es ist sechs Uhr abends, die Tagesarbeit ist beendigt. Ich kann jetzt einen Spaziergang machen, oder ich kann in den Klub gehen, ich kann auch auf den Turm steigen, die Sonne untergehn zu sehn; ich kann auch ins Theater gehn, ich kann auch diesen oder aber jenen Freund besuchen, ja ich kann auch zum Tor hinauslaufen in die weite Welt und nie wiederkommen. Das alles steht allein bei mir, ich habe völlige Freiheit dazu; tue jedoch davon nichts, sondern gehe ebenso freiwillig nach Hause, zu meiner Frau." Das ist gerade so, als wenn das Wasser spräche: „Ich kann hohe Wellen schlagen (ja! nämlich im Meer und Sturm), ich kann reißend hinabeilen (ja! nämlich im Bette des Stroms), ich kann schäumend und sprudelnd hinunterstürzen (ja! nämlich im Wasserfall), ich kann frei als Strahl in die Luft steigen (ja! nämlich im Springbrunnen), ich kann endlich gar verkochen und verschwinden (ja! bei achtzig Grad Wärme); tue jedoch von dem allen jetzt nichts, sondern bleibe freiwillig, ruhig und klar im spiegelnden Teiche." Wie das Wasser jenes alles nur dann kann, wann die bestimmenden Ursachen zum einen oder zum andern eintreten, ebenso kann jener Mensch was er zu können wähnt, nicht anders als unter derselben Bedingung. Bis die Ursachen eintreten, ist es ihm unmöglich: dann aber muß er es, so gut wie das Wasser, sobald es in die entsprechenden Umstände versetzt ist. Sein Irrtum und überhaupt die Täuschung, welche aus dem falsch ausgelegten

Selbstbewußtsein hier entsteht, daß er jenes alles jetzt gleich könne, beruht, genau betrachtet, darauf, daß seiner Phantasie nur ein Bild zur Zeit gegenwärtig sein kann und für den Augenblick alles andere ausschließt. Stellt er nun das Motiv zu einer jener als möglich proponierten Handlungen sich vor, so fühlt er sogleich dessen Wirkung auf seinen Willen, der dadurch sollizitiert [dringend gebeten] wird: dies heißt, in der Kunstsprache, eine Velleitas [Anwandlung]. Nun meint er aber, er könne diese auch zu einer Voluntas [Willensentschluß] erheben, d. h. die proponierte Handlung ausführen: allein dies ist Täuschung. Denn alsbald würde die Besonnenheit eintreten und die nach andern Seiten ziehenden oder die entgegenstehenden Motive ihm in Erinnerung bringen: worauf er sehn würde, daß es nicht zur Tat kommt. Bei einem solchen sukzessiven Vorstellen verschiedener einander ausschließender Motive unter steter Begleitung des innern „ich kann tun, was ich will", dreht sich gleichsam der Wille wie eine Wetterfahne auf wohlgeschmierter Angel und bei unstetem Winde sofort nach jedem Motiv hin, welches die Einbildungskraft ihm vorhält, sukzessiv nach allen als möglich vorliegenden Motiven, und bei jedem denkt der Mensch, er könne es wollen und also die Fahne auf diesem Punkte fixieren, welches bloße Täuschung ist. Denn sein „ich kann dies wollen" ist in Wahrheit hypothetisch und führt den Beisatz mit sich „wenn ich nicht lieber jenes andere wollte": der hebt aber jenes Wollenkönnen auf. – Kehren wir zu jenem aufgestellten, um sechs Uhr deliberierenden Menschen zurück und denken uns, er bemerke jetzt, daß ich hinter ihm stehe, über ihn philosophiere und seine Freiheit zu allen jenen ihm möglichen Handlungen abstreite, so könnte es leicht geschehen, daß er, um mich zu widerlegen, eine davon ausführte: dann wäre aber gerade mein Leugnen und dessen Wirkung auf seinen Widerspruchsgeist das ihn dazu nötigende Motiv gewesen. Jedoch würde dasselbe ihn nur zu einer oder der andern von den leichteren unter den oben angeführten Handlungen bewegen können, z. B. ins Theater zu gehn; aber keineswegs zur letztgenannten, nämlich in die weite Welt zu laufen: dazu wäre dies Motiv viel zu schwach. – Ebenso irrig meint mancher, indem er ein geladenes Pistol in der Hand hält, er könne sich damit erschießen. Dazu ist das wenigste jenes mechanische Ausführungsmittel, die Hauptsache aber ein überaus starkes und daher seltenes Motiv, welches die ungeheure Kraft hat, die nötig ist, um die Lust zum Leben, oder richtiger die Furcht vor dem Tode, zu überwiegen: erst nachdem ein solches eingetreten, kann er sich wirklich erschießen, und muß es . . .

Ich kann tun, was ich will: ich kann, wenn ich will, alles, was ich habe, den Armen geben und dadurch selbst einer werden – wenn ich will! – Aber ich vermag nicht, es zu wollen, weil die entgegenstehenden Motive viel zu viel Gewalt über mich haben, als daß ich es könnte. Hingegen wenn ich einen andern Charakter hätte, und zwar in dem Maße, daß ich ein Heiliger wäre, dann würde ich es wollen können; dann aber würde ich auch nicht umhin können, es zu wollen, würde es also tun müssen. – Dies alles besteht vollkommen wohl mit dem „ich kann tun, was ich will“ des Selbstbewußtseins, worin noch heutzutage einige gedankenlose Philosophaster die Freiheit des Willens zu sehn vermeinen, und sie demnach als eine gegebene Tatsache des Bewußtseins geltend machen.

## *Das Zufällige*

Es ist durchaus weder Metapher noch Hyperbel, sondern ganz trockene und buchstäbliche Wahrheit, daß, so wenig eine Kugel auf dem Billard in Bewegung geraten kann, ehe sie einen Stoß erhält, ebensowenig ein Mensch von einem Stuhle aufstehen kann, ehe ein Motiv ihn wegzieht oder treibt: dann aber ist sein Aufstehn so notwendig und unausbleiblich wie das Rollen der Kugel nach dem Stoß. Und zu erwarten, daß einer etwas tue, wozu ihn durchaus kein Interesse auffordert, ist wie erwarten, daß ein Stück Holz sich zu mir bewege, ohne einen Strick, der es zöge. Wer etwa dergleichen behauptend in einer Gesellschaft hartnäckigen Widerspruch erführe, würde am kürzesten aus der Sache kommen, wenn er durch einen Dritten plötzlich mit lauter und ernster Stimme rufen ließe: „Das Gebälk stürzt ein!“ wodurch die Widersprecher zu der Einsicht gelangen würden, daß ein Motiv ebenso mächtig ist, die Leute zum Hause hinauszuwerfen, wie die handfesteste mechanische Ursache.

Denn der Mensch ist, wie alle Gegenstände der Erfahrung, eine Erscheinung in Zeit und Raum, und da das Gesetz der Kausalität für alle diese a priori und folglich ausnahmslos gilt, muß auch er ihm unterworfen sein. So sagt es der reine Verstand a priori, so bestätigt es die durch die ganze Natur geführte Analogie und so bezeugt es die Erfahrung jeden Augenblick, wenn man sich nicht täuschen läßt durch den Schein, der dadurch herbeigeführt wird, daß, indem die Naturwesen, sich höher und höher steigernd, komplizierter werden und ihre Empfänglichkeit von der bloß mechanischen zur chemischen, elektrischen, reizbaren, sensibeln, intellektuellen und endlich rationellen sich erhebt und verfeinert, auch die Natur der einwirkenden Ursachen hiemit gleichen Schritt halten und auf jeder Stufe den Wesen, auf welche gewirkt werden soll, entsprechend ausfallen muß: daher denn auch die Ursachen immer weniger palpabel und materiell sich darstellen, so daß sie zuletzt nicht mehr dem Auge sichtbar, wohl aber dem Verstande erreichbar sind, der sie, im einzelnen Fall, mit unerschütterlicher Zuversicht voraussetzt und bei gehörigem Forschen auch entdeckt. Denn hier sind die wirkenden Ursachen gesteigert zu bloßen Gedanken, die mit andern Gedanken kämpfen, bis der mächtigste von ihnen den Ausschlag gibt und den Menschen in Bewegung setzt; welches alles in ebensolcher Strenge des Kausalzusammenhanges vor sich geht, wie wenn rein mechanische Ursachen in komplizierter Verbindung einander entgegenwirken und der berechnete Erfolg unfehlbar eintritt. Den Augenschein der Ursachlosigkeit, wegen Unsichtbarkeit der Ursache, haben die im Glase nach allen Richtungen umherhüpfenden elektrisierten Korkkügelchen ebensosehr wie die Bewegungen des Menschen: das Urteil aber kommt nicht dem Auge zu, sondern dem Verstande.

Unter Voraussetzung der Willensfreiheit wäre jede menschliche Handlung ein erklärliches Wunder – eine Wirkung ohne Ursache. Und wenn man den Versuch wagt, ein solches liberum arbitrium indifferentiae [Willensfreiheit] sich vorstellig zu machen, so wird man bald innewerden, daß dabei recht eigentlich der Verstand stillesteht; er hat keine Form, so etwas zu denken. Denn der Satz vom Grunde, das Prinzip durchgängiger Bestimmung und Abhängigkeit der Erscheinungen voneinander ist die allgemeinste Form unsers Erkenntnisvermögens, die, nach Verschiedenheit der Objekte desselben, auch selbst verschiedene Gestalten annimmt.

Hier aber sollen wir etwas denken, das bestimmt, ohne bestimmt zu werden, das von nichts abhängt, aber von ihm das andere, das ohne Nötigung, folglich ohne Grund jetzt A wirkt, während es ebensowohl B oder C oder D wirken könnte, und zwar ganz und gar könnte, unter denselben Umständen könnte, d. h. ohne daß jetzt in A etwas läge, was ihm einen Vorzug (denn der wäre Motivation, also Kausalität) vor B, C, D erteilte. Wir werden hier ... auf den Begriff des absolut Zufälligen zurückgeführt. Ich wiederhole es: dabei steht ganz eigentlich der Verstand stille, wenn man nur vermag, ihn daran zu bringen.

## *Eintracht mit sich selbst*

Es ist eine unmögliche, in sich selbst sich widersprechende Forderung fast aller Philosophen, daß der Mensch *innre Einheit seines Wesens, Eintracht mit sich selbst*, erlangen soll. Denn als *Mensch* ist innre Zwietracht sein Wesen, durchaus solange er lebt. Denn nur eines kann er wirklich ganz und gar sein: zu allem andern hat er aber die Anlage und die unvertilgbare Möglichkeit, es zu sein. Hat er sich zu einem entschlossen, so steht alles übrige als Anlage immer bereit und fordert unablässig, aus der Möglichkeit zur Wirklichkeit zu gelangen: er muß es also fortwährend zurückdrängen, überwältigen, töten, so lange er jenes eine sein will. Will er z. B. nur denken und nicht handeln und treiben, so ist damit die Anlage zum Handeln und Treiben nicht mit einem Male vernichtet, sondern solange er als Denker lebt, muß er sich stündlich und immer als handelnden betriebsamen Menschen töten, ewig mit sich, als einem Ungeheuer, dem jeder abgehaune

Kopf gleich wieder wächst, kämpfen. So, wenn er sich zur Heiligkeit entschlossen hat, muß er sein ganzes Leben hindurch, und nicht ein für allemal, sich als genießendes, der Wollust ergebenes Wesen töten: denn ein solches bleibt er, solange er lebt. Hat er sich für den Genuß, auf welche Weise auch dieser zu erlangen sei, entschieden, so kämpft er sein Leben lang mit sich als einem Wesen, das rein und frei und heilig sein möchte: denn die Anlage bleibt ihm, er muß sie stündlich töten. So durchaus in allem, in unendlichen Modifikationen. Bald mag das eine, bald das andre in ihm siegen: er ist der Tummelplatz. Siegt auch das eine fortwährend, so kämpft doch das andre fortwährend: denn es lebt, solange er lebt: als Mensch ist er die Möglichkeit vieler Gegensätze.

Wie wäre da Eintracht mit sich selbst möglich? In keinem Heiligen ist sie und in keinem Bösewicht. Oder vielmehr kein ganzer Heiliger und kein ganzer Bösewicht ist möglich. Denn sie sollen *Menschen* sein, d. h. unselige Wesen, Kämpfer, Gladiatoren auf der Arena des Lebens.

## *Herz und Kopf*

Worauf beruht die *Identität der Person?* – Nicht auf der Materie des Leibes: sie ist nach wenigen Jahren eine andere. Nicht auf der Form desselben: sie ändert sich im ganzen und in allen Teilen: bis auf den Ausdruck des Blickes, an welchem man daher auch nach vielen Jahren einen Menschen noch erkennt; welches beweist, daß trotz allen Veränderungen, die an ihm die Zeit hervorbringt, doch etwas in ihm davon völlig unberührt bleibt: es ist eben dieses, woran wir, auch nach dem längsten Zwischenraume, ihn wiedererkennen und den Ehemaligen unversehrt wiederfinden; ebenso auch uns selbst: denn wenn man auch noch so alt wird, so fühlt man doch im Innern sich ganz und gar als denselben, der man war, als man jung, ja, als man noch ein Kind war. Dieses, was unverändert stets ganz dasselbe bleibt und nicht mitaltert, ist eben der Kern unsers Wesens, welcher nicht in der Zeit liegt. – Man nimmt an, die Identität der Person beruhe auf der des Bewußtseins. Versteht man aber unter dieser bloß die zusammenhängende Erinnerung des Lebenslaufs, so ist sie nicht ausreichend. Wir wissen von unserm Lebenslauf allenfalls etwas mehr als von einem ehemals gelesenen Roman; dennoch nur das Allerwenigste. Die Hauptbegebenheiten, die interessanten Szenen haben sich eingeprägt: im übrigen sind tausend Vorgänge vergessen, gegen einen, der behalten worden. Je älter wir werden, desto spurloser geht alles vorüber. Hohes Alter, Krankheit, Gehirnverletzung, Wahnsinn können das Gedächtnis ganz rauben. Aber die Identität der Person ist damit nicht verloren gegangen. Sie beruht auf dem identischen *Willen* und dem unveränderlichen Charakter desselben. Er eben auch ist es, der den Ausdruck des Blicks unveränderlich macht. Im *Herzen* steckt der Mensch, nicht im Kopf. Zwar sind wir, infolge unserer Relation mit der Außenwelt, gewohnt, als unser eigentliches Selbst das Subjekt des Erkennens, das erkennende Ich, zu betrachten, welches am Abend ermattet, im Schlafe verschwindet, am Morgen mit erneuerten Kräften heller strahlt. Dieses ist jedoch die bloße Gehirnfunktion und nicht unser eigenstes Selbst. Unser wahres Selbst, der Kern unsers Wesens, ist das, was hinter jenem steckt, und eigentlich nichts anderes kennt als wollen und nichtwollen, zufrieden und unzufrieden sein, mit allen Modifikationen der Sache, die man Gefühle, Affekte und Leidenschaften nennt. Dies ist das, was jenes andere hervorbringt; nicht mitschläft, wenn jenes schläft, und ebenso, wann dasselbe im Tode untergeht, unversehrt bleibt.

## *Charaktereigenschaften*

Glänzende Eigenschaften des Geistes erwerben Bewunderung, aber nicht Zuneigung. Diese bleibt den moralischen, den Eigenschaften des Charakters, vorbehalten. Zu seinem Freunde wird wohl jeder lieber den Redlichen, den Gutmütigen, ja selbst den Gefälligen, Nachgiebigen und leicht Beistimmenden wählen als den bloß Geistreichen. Vor diesem wird sogar durch unbedeutende, zufällige, äußere Eigenschaften, welche gerade der Neigung eines andern entsprechen, mancher den Vorzug gewinnen. Nur wer selbst viel Geist hat, wird den Geistreichen zu seiner Gesellschaft wünschen. Seine Freundschaft hingegen wird sich nach den moralischen Eigenschaften richten, denn auf diesen beruht seine eigentliche Hochschätzung eines Menschen, in welcher ein einziger guter Charakterzug große Mängel des Verstandes bedeckt und auslischt.

## *Wahre Größe*

Alles kommt zuletzt darauf an, wo der eigentliche *Ernst* des Menschen liegt. Bei fast allen liegt er ausschließlich im eigenen Wohl und dem der Ihrigen; daher sie dies und nichts anderes zu fördern imstande sind; weil eben kein Vorsatz, keine willkürliche und absichtliche Anstrengung, den wahren, tiefen, eigentlichen Ernst verleiht oder ersetzt oder richtiger verlegt. Denn er bleibt stets da, wo die Natur ihn hingelegt hat: ohne ihn aber kann alles nur halb betrieben werden. Daher sorgen aus demselben Grunde geniale Individuen oft schlecht für ihre eigene Wohlfahrt. Wie ein bleiernes Anhängsel einen Körper immer wieder in die Lage zurückbringt, die sein durch dasselbe determinierter Schwerpunkt erfordert; so zieht der wahre Ernst des Menschen die Kraft und Aufmerksamkeit des Intellekts immer dahin zurück, wo er *liegt:* alles andere treibt der Mensch ohne *wahren Ernst.* Daher sind allein die höchst seltenen, abnormen Menschen, deren wahrer Ernst nicht im Persönlichen und Praktischen, sondern im Objektiven und Theoretischen liegt, imstande, das Wesentliche der Dinge und der Welt, also die höchsten Wahrheiten, aufzufassen und in irgendeiner Art und Weise wiederzugeben. Denn ein solcher außerhalb des Individui, in das *Objektive* fallender Ernst desselben ist etwas der menschlichen Natur Fremdes, etwas Unnatürliches, eigentlich Übernatürliches: jedoch allein durch ihn ist ein Mensch *groß*, und demgemäß wird alsdann sein Schaffen einem von ihm verschiedenen *Genius* zugeschrieben, der ihn in Besitz nehme. Einem solchen Menschen ist sein Bilden, Dichten oder Denken *Zweck*, den übrigen ist es *Mittel.* Diese suchen dabei *ihre Sache* und wissen in der Regel sie wohl zu fördern, da sie sich den Zeitgenossen anschmiegen, bereit, den Bedürfnissen und Launen derselben zu dienen: daher leben sie meistens in glücklichen Umständen; jener oft in sehr elenden. Denn sein persönliches Wohl opfert er dem *objektiven Zweck:* er kann eben nicht anders; weil dort sein Ernst liegt. Sie halten es umgekehrt: darum sind sie *klein;* er aber ist *groß.*

Demgemäß ist sein Werk für alle Zeiten, aber die Anerkennung desselben fängt meistens erst bei der Nachwelt an: *sie* leben und sterben mit ihrer Zeit. *Groß* überhaupt ist nur der, welcher bei seinem Wirken, dieses sei nun ein praktisches oder ein theoretisches, *nicht seine Sache sucht,* sondern allein einen *objektiven* Zweck verfolgt: er ist es aber selbst dann noch, wann, im Praktischen, dieser Zweck ein mißverstandener, und sogar wenn er, infolge davon, ein Verbrechen sein sollte. *Daß er nicht sich und seine Sache sucht,* dies macht ihn unter allen Umständen *groß. Klein* hingegen ist alles auf persönliche Zwecke gerichtete Treiben; weil der dadurch in Tätigkeit Versetzte sich nur in seiner eigenen, verschwindend kleinen Person erkennt und findet. Hingegen wer *groß* ist, erkennt sich in allem und daher im Ganzen: er lebt nicht wie jener im Mikrokosmos, sondern noch mehr im Makrokosmos. Darum eben ist das Ganze ihm angelegen, und er sucht es zu erfassen, um es darzustellen, oder um es zu erklären, oder um praktisch darauf zu wirken. Denn ihm ist es nicht fremd; er fühlt, daß es ihn angeht. Wegen dieser Ausdehnung seiner Sphäre nennt man ihn *groß.* Demnach gebührt nur dem wahren Helden, in irgendeinem Sinne, und dem Genie jenes erhabene Prädikat: es besagt, daß sie, der menschlichen Natur entgegen, nicht ihre eigene Sache gesucht, nicht für sich, sondern für alle gelebt haben.

## IX. FINGERZEIGE

### *Die Macht der Gewohnheit*

Gar manches, was der Macht der Gewohnheit zugeschrieben wird, beruht vielmehr auf der Konstanz und Unveränderlichkeit des ursprünglichen und angeborenen Charakters, infolge welcher wir unter gleichen Umständen stets dasselbe tun, welches daher mit gleicher Notwendigkeit das erste wie das hundertste Mal geschah. – Die wirkliche *Macht der Gewohnheit* hingegen beruht eigentlich auf der *Trägheit*, welche dem Intellekt und dem Willen die Arbeit, Schwierigkeit, auch die Gefahr, einer frischen Wahl ersparen will und daher uns heute tun läßt, was wir schon gestern und hundert Mal getan haben und wovon wir wissen, daß es zu seinem Zwecke führt.

Die Wahrheit dieser Sache liegt aber tiefer: denn sie ist in einem eigentlicheren Sinne zu verstehn, als es auf den ersten Blick scheint. Was nämlich für die Körper, sofern sie bloß durch mechanische Ursachen bewegt werden, die *Kraft der Trägheit* ist, eben das ist für die Körper, welche durch Motive bewegt werden, die *Macht der Gewohnheit*. Die Handlungen, welche wir aus bloßer Gewohnheit vollziehn, geschehn eigentlich ohne individuelles, einzelnes, eigens für diesen Fall wirkendes Motiv; daher wir dabei auch nicht eigentlich an sie denken. Bloß die ersten Exemplare jeder zur Gewohnheit gewordenen Handlung haben ein Motiv gehabt, dessen sekundäre Nachwirkung die jetzige Gewohnheit ist, welche hinreicht, damit jene auch ferner vor sich gehe; gerade so, wie ein durch Stoß bewegter Körper keines neuen Stoßes mehr bedarf, um seine Bewegung fortzusetzen; sondern sobald sie nur durch nichts gehemmt wird, in alle Ewigkeit sich fortbewegt. Dasselbe gilt von Tieren, indem ihre Dressur eine erzwungene Gewohnheit ist. Das Pferd zieht gelassen seinen Karren immer weiter, ohne getrieben zu werden: diese Bewegung ist immer noch die Wirkung der Peitschenhiebe, durch die es anfangs getrieben wurde, welche sich als Gewohnheit perpetuiert, nach dem Gesetze der Trägheit. – Dies alles ist wirklich mehr als bloßes Gleichnis: es ist schon Identität der Sache, nämlich des Willens, auf sehr weit verschiedenen Stufen seiner Objektivation, welchen gemäß nun dasselbe Bewegungsgesetz sich eben so verschieden gestaltet.

## *Abrichtungsfähigkeit*

Sogar an *Abrichtungsfähigkeit* übertrifft der Mensch alle Tiere. Die Moslem sind abgerichtet, fünfmal des Tages, das Gesicht gegen Mekka gerichtet, zu beten: tun es unverbrüchlich. Christen sind abgerichtet, bei gewissen Gelegenheiten ein Kreuz zu schlagen, sich zu verneigen u. dgl.; wie denn überhaupt die Religion das rechte Meisterstück der Abrichtung ist, nämlich die Abrichtung der Denkfähigkeit; daher man bekanntlich nicht früh genug damit anfangen kann. Es gibt keine Absurdität, die so handgreiflich wäre, daß man sie nicht allen Menschen fest in den Kopf setzen könnte, wenn man nur schon vor ihrem sechsten Jahre anfinge, sie ihnen einzuprägen, indem man unablässig und mit feierlichem Ernst sie ihnen vorsagte. Denn, wie die Abrichtung der Tiere, so gelingt auch die des Menschen nur in früher Jugend vollkommen.

Edelleute sind abgerichtet, kein anderes als ihr

Ehrenwort heilig zu halten, an den fratzenhaften Kodex der ritterlichen Ehre ganz ernsthaft, steif und fest zu glauben, ihn erforderlichenfalls mit ihrem Tode zu besiegeln und den König wirklich als ein Wesen höherer Art anzusehn. – Unsere Höflichkeitsbezeigungen und Komplimente, besonders die respektvollen Attentions gegen die Damen, beruhen auf Abrichtung: unsere Achtung vor Geburt, Stand und Titel desgleichen. Ebenso unser abgemessen stufenweises Übelnehmen gegen uns gerichteter Äußerungen: Engländer sind abgerichtet, den Vorwurf, daß sie keine gentlemen seien, noch mehr aber den der Lüge, Franzosen den der Feigheit (lâche), Deutsche den der Dummheit für ein todeswürdiges Verbrechen zu halten usw. – Viele Leute sind zu einer unverbrüchlichen Ehrlichkeit in einer Art abgerichtet, während sie in allen übrigen wenig davon aufzuweisen haben. So stiehlt mancher kein Geld, aber alles unmittelbar Genießbare. Mancher Kaufmann betrügt ohne Skrupel; aber stehlen würde er schlechterdings nicht.

## *Unentschlossenheit*

Bisweilen scheint es, daß wir etwas zugleich wollen und nicht wollen und demgemäß über dieselbe Begebenheit uns zugleich freuen und betrüben. Wenn wir z. B. in irgendeiner Art oder Angelegenheit eine entscheidende Probe zu bestehn haben, worin obgesiegt zu haben uns sehr viel wert sein wird, so wünschen und fürchten wir zugleich den Zeitpunkt dieser Prüfung. Erfahren wir, indem wir ihn jetzt erwarten, er sei für diesmal hinausgeschoben, so wird uns dies zugleich erfreuen und betrüben: denn es ist gegen unsere Absicht, gibt uns jedoch augenblickliche Erleichterung. Ebenso, wenn wir einen wichtigen, entscheidenden Brief erwarten und er ausbleibt.

In solchen Fällen wirken eigentlich zwei verschiedene Motive auf uns: ein stärkeres, aber ferner liegendes – der Wunsch, die Probe zu bestehn, die Entscheidung zu erhalten; und ein schwächeres, aber näher liegendes – der Wunsch, für jetzt in Ruhe und ungehudelt und dabei im ferneren Genusse des Vorzuges, welchen der Zustand hoffender Ungewißheit wenigstens vor dem doch möglichen unglücklichen Ausgang hat, vorderhand zu bleiben. Sonach geschieht hier im Moralischen das, was im Physischen, wann in unserm Gesichtskreis ein kleinerer, aber näherer Gegenstand den größeren, aber entfernteren, bedeckt.

### *Wunsch und Reue*

Die Pein des unerfüllten Wunsches ist klein gegen die der Reue: denn jene steht vor der stets offenen, unabsehbaren Zukunft; diese vor der unwiderruflich abgeschlossenen Vergangenheit.

### *Unangenehme Vorfälle*

Jeder uns in irgendeinen unangenehmen Affekt versetzende Vorfall wird, auch wenn er sehr unbedeutend ist, eine Nachwirkung in unserm Geist zurücklassen, die, solange sie dauert, der klaren, objektiven Auffassung der Dinge und Umstände hinderlich ist, ja alle unsere Gedanken tingiert, wie ein sehr kleines Objekt, nahe vor das Auge gebracht, unser Gesichtsfeld beschränkt und verzerrt.

## *Hoffnung*

Hoffnung ist die Verwechslung des Wunsches einer Begebenheit mit ihrer Wahrscheinlichkeit. Aber vielleicht ist kein Mensch frei von der Narrheit des Herzens, welche dem Intellekt die richtige Schätzung der Probabilität so sehr verrückt, daß er eins gegen tausend für einen leicht möglichen Fall hält. Und doch gleicht ein hoffnungsloser Unglücksfall einem raschen Todesstreich, hingegen die stets vereitelte und immer wieder auflebende Hoffnung der langsam marternden Todesart.

Wen die Hoffnung, den hat auch die Furcht verlassen: dies ist der Sinn des Ausdrucks „desperat". Es ist nämlich dem Menschen natürlich, zu glauben, was er wünscht, und es zu glauben, weil er es wünscht. Wenn nun diese wohltätige, lindernde Eigentümlichkeit seiner Natur durch wiederholte, sehr harte Schläge des Schicksals ausgerottet und er sogar, umgekehrt, dahin gebracht worden ist, zu glauben, es müsse geschehn, was er nicht wünscht, und könne nimmer geschehn, was er wünscht, eben weil er es wünscht, so ist dies eigentlich der Zustand, den man Verzweiflung genannt hat.

## *Melancholie, Verdrießlichkeit, Hypochondrie*

Verdrießlichkeit und Melancholie liegen weit auseinander: von der Lustigkeit zur Melancholie ist der Weg viel näher als von der Verdrießlichkeit.

Melancholie zieht an; Verdrießlichkeit stößt ab.

Hypochondrie quält nicht nur mit Verdruß und Ärger ohne Anlaß über gegenwärtige Dinge; nicht nur mit grundloser Angst vor künstlich ausstudierten Unglücksfällen der Zukunft; sondern auch noch mit unverdienten Vorwürfen über unsere eigenen Handlungen in der Vergangenheit.

Die unmittelbarste Wirkung der Hypochondrie ist ein beständiges Suchen und Grübeln, worüber wohl man sich zu ärgern oder zu ängstigen hätte. Die Ursache ist ein innerer krankhafter Unmut, dazu oft eine aus dem Temperament hervorgehende innere Unruhe: wenn beide den höchsten Grad erreichen, führen sie zum Selbstmord.

## *Zorn*

Der Zorn schafft sogleich ein Blendwerk, welches in einer monstrosen Vergrößerung und Verzerrung seines Anlasses besteht. Dieses Blendwerk erhöht nun selbst wieder den Zorn und wird darauf durch diesen erhöhten Zorn selbst abermals vergrößert. So steigert sich fortwährend die gegenseitige Wirkung, bis der furor brevis [kurzer Wutanfall] da ist.

Diesem vorzubeugen, sollten lebhafte Personen, sobald sie anfangen, sich zu ärgern, es über sich zu gewinnen suchen, daß sie die Sache für jetzt sich aus dem Sinne schlügen: denn dieselbe wird, wenn sie nach einer Stunde darauf zurückkommen, ihnen schon lange nicht so arg und bald vielleicht unbedeutend erscheinen.

## *Im Strom der Zeit*

Wie im Raum die Entfernung alles verkleinert, indem sie es zusammenzieht, wodurch dessen Fehler und Übelstände verschwinden, weshalb auch in einem Verkleinerungsspiegel oder in der Camera obscura sich alles viel schöner als in der Wirklichkeit darstellt – ebenso wirkt in der Zeit die Vergangenheit: die weit zurückliegenden Szenen und Vorgänge, nebst agierenden Personen, nehmen sich in der Erinnerung, als welche alles Unwesentliche und Störende fallen läßt, allerliebst aus. Die Gegenwart, solchen Vorteils entbehrend, steht stets mangelhaft da.

Und wie im Raume kleine Gegenstände sich in der Nähe groß darstellen, wenn sehr nahe, sogar unser ganzes Gesichtsfeld einnehmen, aber, sobald wir uns etwas entfernt haben, klein und unscheinbar werden, ebenso, in der Zeit, erscheinen die in unserm täglichen Leben und Wandel sich ereignenden kleinen Vorfälle, Unfälle und Begebenheiten, solange sie, als gegenwärtig, dicht vor uns liegen, uns groß, bedeutend, wichtig und erregen demgemäß unsere Affekte, Sorge, Verdruß, Leidenschaft: aber sobald der unermüdliche Strom der Zeit sie nur etwas entfernt hat, sind sie unbedeutend, keiner Beachtung wert und bald vergessen, indem ihre Größe bloß auf ihrer Nähe beruhte.

## *Die Gegenwart*

Was *gewesen* ist, das ist nicht mehr; ist ebensowenig wie das, was *nie* gewesen ist. Aber alles, was ist, ist im nächsten Augenblick schon gewesen. Daher hat vor der bedeutendsten Vergangenheit die unbedeutendste Gegenwart die *Wirklichkeit* voraus; wodurch sie zu jener sich verhält wie etwas zu nichts . . .

Jedem Vorgang unsers Lebens gehört nur auf einen Augenblick das Ist; sodann für immer das war. Jeden Abend sind wir um einen Tag ärmer. Wir würden vielleicht beim Anblick dieses Ablaufens unserer kurzen Zeitspanne rasend werden; wenn nicht im tiefsten Grunde unsers Wesens ein heimliches Bewußtsein läge, daß uns der nie zu erschöpfende Born der Ewigkeit gehört, um immerdar die Zeit des Lebens daraus erneuern zu können.

Auf Betrachtungen wie die obigen kann man allerdings die Lehre gründen, daß die Gegenwart zu genießen und dies zum Zwecke seines Lebens zu machen, die größte *Weisheit* sei; weil ja jene allein real, alles andere nur Gedankenspiel wäre. Aber ebensogut könnte man es die größte Torheit nennen: denn was im nächsten Augenblick nicht mehr ist, was so gänzlich verschwindet wie ein Traum, ist nimmermehr eines ernstlichen Strebens wert.

Die Gegenwart allein ist wahr und wirklich. Sie ist die real erfüllte Zeit, und ausschließlich in ihr liegt unser Dasein. Daher sollten wir sie stets einer heitern Aufnahme würdigen, folglich jede erträgliche und von unmittelbaren Widerwärtigkeiten oder Schmerzen freie Stunde mit Bewußtsein als solche genießen, d. h. sie nicht trüben durch verdrießliche Gesichter über verfehlte Hoffnungen in der Vergangenheit oder Besorgnisse für die Zukunft.

In der Vergangenheit hat kein Mensch gelebt, und in der Zukunft wird nie einer leben, sondern die *Gegenwart* allein ist die Form alles Lebens, ist aber auch sein sicherer Besitz, der ihm nie entrissen werden kann. Die Gegenwart ist immer da, samt ihrem Inhalt: beide stehn fest, ohne zu wanken; wie der Regenbogen auf dem Wasserfall. Denn dem Willen ist das Leben, dem Leben die

Gegenwart sicher und gewiß. – Freilich, wenn wir zurückdenken an die verflossenen Jahrtausende, an die Millionen von Menschen, die in ihnen lebten; dann fragen wir: Was waren sie? Was ist aus ihnen geworden? – Aber wir dürfen dagegen nur die Vergangenheit unsers eigenen Lebens uns zurückrufen und ihre Szenen lebhaft in der Phantasie erneuern und nun wieder fragen: Was war dies alles? Was ist aus ihm geworden? – Wie mit ihm, so ist es mit dem Leben jener Millionen. Oder sollten wir meinen, die Vergangenheit erhielte dadurch, daß sie durch den Tod besiegelt ist, ein neues Dasein? Unsere eigene Vergangenheit, auch die nächste und der gestrige Tag, ist nur noch ein nichtiger Traum der Phantasie, und dasselbe ist die Vergangenheit aller jener Millionen . . . Die Gegenwart allein ist das, was immer da ist und unverrückbar feststeht. Empirisch aufgefaßt das Flüchtigste von allem, stellt sie dem metaphysischen Blick, der über die Formen der empirischen Anschauung hinwegsieht, sich als das allein Beharrende dar, das Nunc stans [unübersetzbar; wörtlich: das stehende Jetzt] der Scholastiker. Die Quelle und der Träger ihres Inhalts ist der Wille zum Leben oder das Ding an sich – welches wir sind. Das, was immerfort wird und vergeht, indem es entweder schon gewesen ist oder noch kommen soll, gehört der Erscheinung als solcher an, vermöge ihrer Formen, welche das Entstehn und Vergehn möglich machen . . . Wir können die Zeit einem endlos drehenden Kreise vergleichen: die stets sinkende Hälfte wäre die Vergangenheit, die stets steigende die Zukunft; oben aber der unteilbare Punkt, der die Tangente berührt, wäre die ausdehnungslose Gegenwart: wie die Tangente nicht mit fortrollt, so auch nicht die Gegenwart, der Berührungspunkt des Objekts, dessen Form die

Zeit ist, mit dem Subjekt, das keine Form hat, weil es nicht zum Erkennbaren gehört, sondern Bedingung alles Erkennbaren ist. Oder: die Zeit gleicht einem unaufhaltsamen Strom und die Gegenwart einem Felsen, an dem sich jener bricht, aber nicht ihn mit fortreißt.

### *Das Unbekannte in uns*

Welche Kräfte zum Leiden und Tun jeder in sich trägt, weiß er nicht, bis ein Anlaß sie in Tätigkeit setzt – wie man dem im Teiche ruhenden Wasser, mit glattem Spiegel, nicht ansieht, mit welchem Toben und Brausen es vom Felsen unversehrt herabzustürzen, oder wie hoch es als Springbrunnen sich zu erheben fähig ist – oder auch, wie man die im eiskalten Wasser latente Wärme nicht ahndet.

### *Aberglaube*

Der menschliche Geist, noch nicht zufrieden mit den Sorgen, Bekümmernissen und Beschäftigungen, die ihm die wirkliche Welt auferlegt, [schafft sich] in der Gestalt von tausend verschiedenen Superstitionen [abergläubischen Vorstellungen] noch eine imaginäre Welt ... Dämonen, Götter und Heilige schafft sich der Mensch nach seinen eigenem Bilde; diesen müssen dann unablässig Opfer, Gebete, Tempelverzierungen, Gelübde und deren Lösung, Wallfahrten, Begrüßungen, Schmückung der Bilder usw. dargebracht werden. Ihr Dienst verwebt sich überall mit der Wirklichkeit, ja verdunkelt diese: jedes Ereignis des Lebens wird dann als Gegenwirkung jener Wesen aufgenommen. Der Umgang mit ihnen füllt die halbe Zeit des Lebens aus, unterhält beständig die Hoffnung und wird durch den Reiz der Neuheit oft interessanter als der mit wirklichen Wesen. Es ist der Ausdruck und das Symptom der doppelten Bedürftigkeit des Menschen, teils nach Hilfe und Beistand und teils nach Beschäftigung und Kurzweil; und wenn er auch dem ersteren Bedürfnis oft gerade entgegen arbeitet, indem bei vorkommenden Unfällen und Gefahren kostbare Zeit und Kräfte, statt auf deren Abwendung, auf Gebete und Opfer unnütz verwendet werden; so dient er dem zweiten Bedürfnis dafür desto besser, durch jene phantastische Unterhaltung mit einer erträumten Geisterwelt: und dies ist der gar nicht zu verachtende Gewinn aller Superstitionen.

## *Das Gedächtnis*

Anschauliche Bilder haften fester im Gedächtnis als bloße Begriffe. Daher lernen phantasiebegabte Köpfe die Sprachen leichter als andere: denn sie verknüpfen mit dem neuen Wort sogleich das anschauliche Bild der Sache; während die andern bloß das äquivalente Wort der eigenen Sprache damit verknüpfen.

Man suche das, was man dem Gedächtnis einverleiben will, so viel als möglich auf ein anschauliches Bild zurückzuführen, sei es nun unmittelbar oder als Beispiel der Sache oder als bloßes Gleichnis, Analogon oder wie noch sonst; weil alles Anschauliche viel fester haftet als das bloß in abstracto Gedachte oder gar nur Worte. Darum behalten wir so sehr viel besser, was wir erlebt, als was wir gelesen haben.

## *Heiterkeit*

Was einer in sich ist und an sich selber hat, kurz die Persönlichkeit und deren Wert, ist das alleinige Unmittelbare zu seinem Glück und Wohlsein. Alles andere ist mittelbar; daher auch dessen Wirkung vereitelt werden kann, aber die der Persönlichkeit nie. Darum eben ist der auf persönliche Vorzüge gerichtete Neid der unversöhnlichste, wie er auch der am sorgfältigsten verhehlte ist. Ferner ist allein die Beschaffenheit des Bewußtseins das Bleibende und Beharrende, und die Individualität wirkt fortdauernd, anhaltend, mehr oder minder in jedem Augenblick: alles andere hingegen wirkt immer nur zu Zeiten, gelegentlich, vorübergehend, und ist zudem auch noch selbst dem Wechsel und Wandel unterworfen . . . Hierauf beruht es, daß wir ein ganz und gar von außen auf uns gekommenes Unglück mit mehr Fassung ertragen als ein selbstverschuldetes: denn das Schicksal kann sich ändern, aber die eigene Beschaffenheit nimmer. Demnach also sind die subjektiven Güter, wie ein edler Charakter, ein fähiger Kopf, ein glückliches Temperament, ein heiterer Sinn und ein wohlbeschaffener, völlig gesunder Leib, also überhaupt mens sana in corpore sano [gesunder Geist im gesunden Körper] zu unserm Glücke die ersten und wichtigsten; weshalb wir auf die Beförderung und Erhaltung derselben viel mehr bedacht sein sollten als auf den Besitz äußerer Güter und äußerer Ehre.

Was nun aber von jenen allen uns am unmittelbarsten beglückt, ist die Heiterkeit des Sinnes: denn diese gute Eigenschaft belohnt sich augenblicklich selbst. Wer eben fröhlich ist, hat allemal Ursache, es zu sein, nämlich eben diese, daß er es ist. Nichts kann so sehr wie diese Eigenschaft jedes andere Gut vollkommen ersetzen, während sie selbst durch nichts zu ersetzen ist. Einer sei jung, schön, reich und geehrt, so frägt sich, wenn man sein Glück beurteilen will, ob er dabei heiter sei; ist er hingegen heiter, so ist es einerlei, ob er jung oder alt, gerade oder pucklich, arm oder reich sei: er ist glücklich. In früher Jugend machte ich einmal ein altes Buch auf, und da stand: „Wer viel lacht, ist glücklich, und wer viel weint, ist unglücklich", – eine sehr einfältige Bemerkung, die ich aber, wegen ihrer einfachen Wahrheit, doch nicht habe vergessen können, so sehr sie auch der Superlativ eines truism's [Binsenwahrheit] ist. Dieserwegen also sollen wir der Heiterkeit, wann immer sie sich einstellt, Tür und Tor öffnen: denn sie kommt nie zur unrechten Zeit; statt daß wir oft Bedenken tragen, ihr Eingang zu gestatten, indem wir erst wissen wollen, ob wir denn auch wohl in jeder Hinsicht Ursache haben, zufrieden zu sein; oder auch, weil wir fürchten, in unsern ernsthaften Überlegungen und wichtigen Sorgen dadurch gestört zu werden: allein was wir durch diese bessern, ist sehr ungewiß, hingegen ist Heiterkeit unmittelbarer Gewinn. Sie allein ist gleichsam die bare Münze des Glückes und nicht, wie alles andere, bloß der Bankzettel; weil nur sie unmittelbar in der Gegenwart beglückt, weshalb sie das höchste Gut ist für Wesen, deren Wirklichkeit die Form einer unteilbaren Gegenwart zwischen zwei unendlichen Zeiten hat.

## *Allein lachen*

Es wundert mich nicht, daß sie Langeweile haben, wenn sie allein sind: sie können nicht allein lachen; sogar erscheint solches ihnen närrisch. – Ist denn das Lachen etwa nur ein Signal für andere und ein bloßes Zeichen wie das Wort? – Mangel an Phantasie und an Lebhaftigkeit des Geistes überhaupt (dulness, ἀναισθησια και βραδυτης ψυχης [Unempfindlichkeit und Stumpfheit der Seele], wie Theophr. Charact., c. 27 sagt), das ist es, was ihnen, wenn allein, das Lachen verwehrt. Die Tiere lachen weder allein noch in Gesellschaft.

Myson, der Misanthrop, war, allein lachend, von so einem überrascht worden, der ihn jetzt fragte, warum er denn lache, da er doch allein wäre? – „Gerade darum lache ich", war die Antwort.

### *Der Blick der Entfremdung*

Warum, trotz allen Spiegeln, weiß man eigentlich nicht, wie man aussieht und kann daher nicht die eigne Person, wie die jedes Bekannten, der Phantasie vergegenwärtigen? eine Schwierigkeit, welche dem γνωθι σαυτον [Erkenne dich selbst] schon beim ersten Schritte entgegensteht.

Ohne Zweifel liegt es zum Teil daran, daß man im Spiegel sich nie anders als mit gerade zugewendetem und unbeweglichem Blicke sieht, wodurch das so bedeutsame Spiel der Augen, mit ihm aber das eigentlich Charakteristische des Blickes, großenteils verloren geht. Neben dieser physischen Unmöglichkeit scheint aber noch eine ihr analoge ethische mitzuwirken. Man vermag nicht auf sein eigenes Bild im Spiegel den *Blick der Entfremdung* zu werfen, welcher die Bedingung der *Objektivität* der Auffassung desselben ist; weil nämlich dieser Blick zuletzt auf dem moralischen Egoismus, mit seinem tiefgefühlten Nicht-Ich, beruht, als welche erfordert sind, um alle Mängel rein objektiv und ohne Abzug wahrzunehmen, wodurch allererst das Bild sich treu und wahr darstellt. Statt dessen nämlich flüstert beim Anblick der eigenen Person im Spiegel eben jener Egoismus uns allerzeit ein vorkehrendes „es ist kein Nicht-Ich, sondern Ich" zu, welches als ein noli me tangere [Rühr mich nicht an] wirkt und die rein objektive Auffassung verhindert, welche nämlich ohne das Ferment eines Grans Malice nicht zustande kommen zu können scheint.

### *Wie sie den Menschen sehen*

Der Arzt sieht den Menschen in seiner ganzen Schwäche; der Jurist in seiner ganzen Schlechtigkeit; der Theolog in seiner ganzen Dummheit.

### *Bescheidenheit und Selbstgefühl*

Bescheidenheit bei mittelmäßigen Fähigkeiten ist bloße Ehrlichkeit: bei großen Talenten ist sie Heuchelei. Darum ist diesen offen ausgesprochenes Selbstgefühl und unverhohlenes Bewußtsein ungewöhnlicher Kräfte gerade so wohlanständig als jenen ihre Bescheidenheit: hiervon liefert sehr artige Beispiele Valerius Maximus im Kapitel de fiducia sui.

### *Weisheit*

Es gibt einige Begriffe, die sehr selten mit Klarheit und Bestimmtheit in irgendeinem Kopfe vorhanden sind, sondern ihr Dasein bloß durch ihren Namen fristen, der dann eigentlich nur die Stelle so eines Begriffs bezeichnet, ohne den sie jedoch ganz verlorengehn würden. Der Art ist z. B. der Begriff der

Weisheit. Wie vage ist er in fast allen Köpfen! Man sehe die Erklärung der Philosophen.

„*Weisheit*" scheint mir nicht bloß theoretische, sondern auch praktische Vollkommenheit zu bezeichnen. Ich würde sie definieren als die vollendete, richtige Erkenntnis der Dinge im ganzen und allgemeinen, die den Menschen so völlig durchdrungen hat, daß sie nun auch in seinem Handeln hervortritt, indem sie sein Tun überall leitet.

## X. VON DER NICHTIGKEIT DES LEBENS

### *Die Welt eine Hölle*

Weil unser Zustand etwas ist, das besser nicht wäre, so trägt alles, was uns umgibt, die Spur hievon – gleichwie in der Hölle alles nach Schwefel riecht –, indem jegliches stets unvollkommen und trüglich, jedes Angenehme mit Unangenehmem versetzt, jeder Genuß immer nur ein halber ist, jedes Vergnügen seine eigene Störung, jede Erleichterung neue Beschwerde herbeiführt, jedes Hilfsmittel unserer täglichen und stündlichen Not uns alle Augenblicke im Stich läßt und seinen Dienst versagt, die Stufe, auf welche wir treten, so oft unter uns bricht, ja Unfälle, große und kleine, das Element unsers Lebens sind, und wir mit einem Wort dem *Phineus* gleichen, dem die Harpyen alle Speisen besudelten und ungenießbar machten . . . Zwei Mittel werden dagegen versucht: Erstlich die Klugheit, Vorsicht, Schlauheit. Sie lernt nicht aus und reicht nicht aus und wird zuschanden. Zweitens der stoische Gleichmut, welcher jeden Unfall entwaffnen will, durch Gefaßtsein auf alles und Verschmähen von allem. Praktisch wird er zur kynischen Entsagung, die lieber ein für allemal alle Hilfsmittel und Erleichterungen von sich wirft. Sie macht uns zu Hunden, wie den Diogenes in der Tonne. Die Wahrheit ist: wir sollen elend sein, und sind's. Dabei ist die Hauptquelle der ernstlichen Übel, die den Menschen treffen, der Mensch selbst. Homo homini lupus [Der Mensch ist dem Menschen ein Wolf]. Wer dies letztere recht ins Auge faßt, erblickt die Welt als eine Hölle, welche die des Dante dadurch übertrifft, daß einer der Teufel des andern sein muß.

### *Die beste der möglichen Welten?*

Und dieser Welt, diesem Tummelplatz gequälter und geängstigter Wesen, welche nur dadurch bestehn, daß eines das andere verzehrt, wo daher jedes reißende Tier das lebendige Grab tausend anderer und seine Selbsterhaltung eine Kette von Martertoden ist, wo sodann mit der Erkenntnis die Fähigkeit, Schmerz zu empfinden, wächst, welche daher im Menschen ihren höchsten Grad erreicht und einen um so höheren, je intelligenter er ist – dieser Welt hat man das System des Optimismus anpassen und sie uns als die beste unter den möglichen andemonstrieren wollen. Die Absurdität ist schreiend. – Inzwischen heißt ein Optimist mich die Augen öffnen und hineinsehn in die Welt, wie sie so schön sei, im Sonnenschein, mit ihren Bergen, Tälern, Strömen, Pflanzen, Tieren usw. – Aber ist denn die Welt ein Guckkasten? Zu sehn sind diese Dinge freilich schön, aber sie zu sein ist ganz etwas anderes.

## *Das Material Dantes*

Wenn man den verstocktesten Optimisten durch die Krankenhospitäler, Lazarette und chirurgische Marterkammern, durch die Gefängnisse, Folterkammern und Sklavenställe, über Schlachtfelder und Gerichtsstätten führen, dann alle die finstern Behausungen des Elends, wo es sich vor den Blicken kalter Neugier verkriecht, ihm öffnen und zum Schluß ihn in den Hungerturm des Ugolino blicken lassen wollte, so würde sicherlich auch er zuletzt einsehn, welcher Art dieser meilleur des mondes possibles [diese beste aller möglichen Welten] ist. Woher denn anders hat Dante den Stoff zu seiner Hölle genommen als aus dieser unserer wirklichen Welt? Und doch ist es eine recht ordentliche Hölle geworden. Hingegen als er an die Aufgabe kam, den Himmel und seine Freuden zu schildern, da hatte er eine unüberwindliche Schwierigkeit vor sich, weil eben unsere Welt gar keine Materialien zu so etwas darbietet.

## *Das Dasein ein Fehltritt?*

Welch ein Abstand ist doch zwischen unserm Anfang und unserm Ende! Jener in dem Wahn der Begier und dem Entzücken der Wollust; dieses in der Zerstörung aller Organe und dem Moderdufte der Leichen. Auch geht der Weg zwischen beiden, in Hinsicht auf Wohlsein und Lebensgenuß, stetig bergab: die selig träumende Kindheit, die fröhliche Jugend, das mühselige Mannesalter, das gebrechliche, oft jämmerliche Greisentum, die Marter der letzten Krankheit und endlich der Todeskampf – sieht es nicht geradezu aus, als wäre das Dasein

ein Fehltritt, dessen Folgen allmählich und immer mehr offenbar würden?

## *Ein Ort der Buße*

Die Welt ist ein Ort der Buße, also gleichsam eine Strafanstalt ... Zu den Übeln einer Strafanstalt gehört denn auch die Gesellschaft, welche man daselbst antrifft. Wie es um diese hierselbst stehe, wird, wer irgendwie einer bessern würdig wäre, auch ohne mein Sagen wissen. Der schönen Seele nun gar, wie auch dem Genie, mag bisweilen darin zumute sein wie einem edlen Staatsgefangenen auf der Galeere unter gemeinen Verbrechern; daher sie wie dieser suchen werden, sich zu isolieren. Überhaupt jedoch wird die besagte Auffassung uns befähigen, die sogenannten Unvollkommenheiten, d. h. die moralisch und intellektuell und dementsprechend auch physiognomisch nichtswürdige Beschaffenheit der meisten Menschen ohne Befremden, geschweige mit Entrüstung zu betrachten; denn wir werden stets im Sinne behalten, wo wir sind, folglich jeden ansehn zunächst als ein Wesen, welches nur infolge seiner Sündhaftigkeit existiert, dessen Leben die Abbüßung der Schuld seiner Geburt ist.

## *Eine strenge Lektion*

Das Leben ist durchaus anzusehn als eine *strenge Lektion*, die uns erteilt wird, wenngleich wir, mit unsern auf ganz andere Zwecke angelegten Denkformen, nicht verstehn können, wie wir haben dazu kommen können, ihrer zu bedürfen. Demgemäß aber sollen wir auf unsere hingeschiedenen Freunde zurücksehn, mit Befriedigung, erwägend, daß sie ihre Lektion überstanden haben, und mit dem herzlichen Wunsch, daß sie angeschlagen habe; und vom selben Gesichtspunkt aus sollen wir unserm eigenen Tode entgegensehn als einer erwünschten und erfreulichen Begebenheit – statt, wie meistens geschieht, mit Zagen und Grausen.

Wem man sagt, daß das Leben von einem Ende zum andern nichts sein soll als eine fortgesetzte Lektion, deren Resultate noch dazu meist negativ ausfallen, der könnte antworten: so wollte ich schon dieserhalb, daß man mich in der Ruhe des allgenugsamen Nichts gelassen hätte, wo ich weder Lektionen noch sonst etwas nötig hatte.

### *Der Zweck unseres Daseins*

Solange unser Wille derselbe ist, kann unsere Welt keine andere sein. Zwar wünschen alle, erlöst zu werden aus dem Zustande des Leidens und des Todes: sie möchten, wie man sagt, zur ewigen Seligkeit gelangen, ins Himmelreich kommen; aber nur nicht auf eigenen Füßen; sondern hingetragen möchten sie werden, durch den Lauf der Natur. Allein das ist unmöglich. Denn die Natur ist nur das Abbild, der Schatten unsers Willens. Daher wird sie zwar uns nie fallen und zu nichts werden lassen: aber sie kann uns nirgends hinbringen als immer nur wieder in die Natur. Wie mißlich es jedoch sei, als ein Teil der Natur zu existieren, erfährt jeder an seinem eigenen Leben und Sterben. – Demnach ist allerdings das Dasein anzusehn als eine Verirrung, von welcher zurückkommen Erlösung ist . . . Als Zweck unsers Daseins ist in der Tat nichts anderes anzugeben als die Erkenntnis, daß wir besser nicht da wären. Dies aber ist die wichtigste aller Wahrheiten, die daher ausgesprochen werden muß; so sehr sie auch mit der heutigen europäischen Denkweise im Kontrast steht: ist sie doch dagegen im ganzen nicht-islamisierten Asien die anerkannteste Grundwahrheit, heute so gut wie vor dreitausend Jahren.

Wenn wir nun den Willen zum Leben im ganzen und objektiv betrachten, so haben wir, dem Gesagten gemäß, ihn uns zu denken als in einem *Wahn* begriffen, von welchem zurück zu kommen, also sein ganzes vorhandenes Streben zu verneinen, das ist, was die Religionen als die Selbstverleugnung, abnegatio sui ipsius, bezeichnen: denn das eigentliche Selbst ist der Wille zum Leben.

## *Ein angeborener Irrtum*

Es gibt nur *einen* angeborenen Irrtum, und es ist der, daß wir da sind, um glücklich zu sein. Angeboren ist er uns, weil er mit unserm Dasein selbst zusammenfällt und unser ganzes Wesen eben nur seine Paraphrase, ja unser Leib sein Monogramm ist: sind wir doch eben nur Wille zum Leben; die sukzessive Befriedigung alles unsers Wollens aber ist, was man durch den Begriff des Glückes denkt.

Solange wir in diesem angeborenen Irrtum verharren, auch wohl gar noch durch optimistische Dogmen in ihm bestärkt werden, erscheint uns die Welt voll Widersprüche. Denn bei jedem Schritt, im großen wie im kleinen, müssen wir erfahren, daß die Welt und das Leben durchaus nicht darauf eingerichtet sind, ein glückliches Dasein zu enthalten. Während nun hierdurch der Gedankenlose sich eben bloß in der Wirklichkeit geplagt fühlt, kommt bei dem, welcher denkt, zur Pein in der Realität noch die theoretische Perplexität hinzu, warum eine Welt und ein Leben, welche doch einmal dazu da sind, daß man darin glücklich sei, ihrem Zwecke so schlecht entsprechen? Sie macht vorderhand sich Luft in Stoßseufzern, wie „Ach, warum sind der Tränen unterm Mond so viel?" u. dgl. m., in ihrem Gefolge aber kommen beunruhigende Skrupel gegen die Voraussetzungen jener vorgefaßten optimistischen Dogmen. Immerhin mag man dabei versuchen, die Schuld seiner individuellen Unglückseligkeit bald auf die Umstände, bald auf andere Menschen, bald auf sein eigenes Mißgeschick oder auch Ungeschick zu schieben, auch wohl erkennen, wie diese sämtlich dazu mitgewirkt haben; dieses ändert doch nichts in dem Ergebnis, das man den eigentlichen Zweck des Lebens, der ja im Glücklichsein bestehe, verfehlt habe; worüber dann die Betrachtung, zumal wenn es mit dem Leben schon auf die Neige geht, oft sehr niederschlagend ausfällt: daher tragen fast alle ältlichen Gesichter den Ausdruck dessen, was man auf englisch disappointment [Enttäuschung] nennt. Überdies aber hat uns bis dahin schon jeder Tag unsres Lebens gelehrt, daß die Freuden und Genüsse, auch wenn erlangt, an sich selbst trügerisch sind, nicht leisten, was sie versprechen, das Herz nicht zufriedenstellen und endlich ihr Besitz wenigstens durch die sie begleitenden oder aus ihnen entspringenden Unannehmlichkeiten vergällt wird, während hingegen die Schmerzen und Leiden sich als sehr real erweisen und oft alle Erwartung übertreffen. – So ist denn allerdings im Leben alles geeignet, uns von jenem ursprünglichen Irrtum zurückzubringen und uns zu überzeugen, daß der Zweck unsers Daseins nicht der ist, glücklich zu sein. Ja, wenn näher und unbefangen betrachtet, stellt das Leben sich vielmehr dar, wie ganz eigentlich darauf abgesehn, daß wir uns *nicht* glücklich darin fühlen sollen, indem dasselbe, durch seine ganze Beschaffenheit, den Charakter trägt von etwas, daran uns der Geschmack benommen, das uns verleidet werden soll und davon wir, als von einem Irrtum, zurückzukommen haben, damit unser Herz von der Sucht zu genießen, ja, zu leben, geheilt und von der Welt abgewendet werde. In diesem Sinne wäre es demnach richtiger, den Zweck des Lebens in unser Wehe, als in unser Wohl zu setzen.

## *Leiden und Langeweile*

Auf jeder Stufe, welche die Erkenntnis beleuchtet, erscheint sich der Wille als Individuum. Im unendlichen Raum und unendlicher Zeit findet das menschliche Individuum sich als endliche, folglich als eine gegen jene verschwindende Größe, in sie hineingeworfen und hat, wegen ihrer Unbegrenztheit, immer nur ein relatives, nie ein absolutes *Wann* und *Wo* seines Daseins: denn sein Ort und seine Dauer sind endliche Teile eines Unendlichen und Grenzenlosen. – Sein eigentliches Dasein ist nur in der Gegenwart, deren ungehemmte Flucht in die Vergangenheit ein steter Übergang in den Tod, ein stetes Sterben ist; da sein vergangenes Leben, abgesehn von dessen etwaigen Folgen für die Gegenwart, wie auch von dem Zeugnis über seinen Willen, das darin abgedrückt ist, schon völlig abgetan, gestorben und nichts mehr ist: daher auch es ihm vernünftigerweise gleichgültig sein muß, ob der Inhalt jener Vergangenheit Qualen oder Genüsse waren. Die Gegenwart aber wird beständig unter seinen Händen zur Vergangenheit: die Zukunft ist ganz ungewiß und immer kurz. So ist sein Dasein, schon von der formellen Seite allein betrachtet, ein stetes Hinstürzen der Gegenwart in die tote Vergangenheit, ein stetes Sterben. Sehn wir es aber nun auch von der physischen Seite an; so ist offenbar, daß, wie bekanntlich unser Gehen nur ein stets gehemmtes Fallen ist, das Leben unsers Leibes nur ein fortdauernd gehemmtes Sterben, ein immer aufgeschobener Tod ist: endlich ist ebenso die Regsamkeit unsers Geistes eine fortdauernd zurückgeschobene Langeweile. Jeder Atemzug wehrt den beständig eindringenden Tod ab, mit welchem wir auf diese Weise in jeder Sekunde kämpfen, und dann wieder, in größeren Zwischenräumen, durch jede Mahlzeit, jeden Schlaf, jede Erwärmung usw. Zuletzt muß er siegen: denn ihm sind wir schon durch die Geburt anheimgefallen, und er spielt nur eine Weile mit seiner Beute, bevor er sie verschlingt. Wir setzen indessen unser Leben mit großem Anteil und vieler Sorgfalt fort, so lange als möglich, wie man eine Seifenblase so lange und so groß als möglich aufbläst, wiewohl mit der festen Gewißheit, daß sie platzen wird.

Sahen wir schon in der erkenntnislosen Natur das innere Wesen derselben als ein beständiges Streben ohne Ziel und ohne Rast; so tritt uns bei der Betrachtung des Tieres und des Menschen dieses noch viel deutlicher entgegen. Wollen und Streben ist sein ganzes Wesen, einem unlöschbaren Durst gänzlich zu vergleichen. Die Basis alles Wollens aber ist Bedürftigkeit, Mangel, also Schmerz, dem er folglich schon ursprünglich und durch sein Wesen anheimfällt. Fehlt es ihm hingegen an Objekten des Wollens, indem die zu leichte Befriedigung sie ihm sogleich wieder wegnimmt, so befällt ihn furchtbare Leere und Langeweile: d. h. sein Wesen und sein

Dasein selbst wird ihm zur unerträglichen Last. Sein Leben schwingt also gleich einem Pendel hin und her zwischen dem Schmerz und der Langeweile, welche beide in der Tat dessen letzte Bestandteile sind. Dieses hat sich sehr seltsam auch dadurch aussprechen müssen, daß, nachdem der Mensch alle Leiden und Qualen in die Hölle versetzt hatte, für den Himmel nun nichts übrig blieb als eben Langeweile.

Das stete Streben aber, welches das Wesen jeder Erscheinung des Willens ausmacht, erhält auf den höheren Stufen der Objektivation seine erste und allgemeinste Grundlage dadurch, daß hier der Wille sich erscheint als ein lebendiger Leib, mit dem eisernen Gebot, ihn zu nähren: und was diesem Gebote die Kraft gibt, ist eben, daß dieser Leib nichts anderes als der objektivierte Wille zum Leben selbst ist. Der Mensch, als die vollkommenste Objektivation jenes Willens, ist demgemäß auch das bedürftigste unter allen Wesen: er ist konkretes Wollen und Bedürfen durch und durch, ist ein Konkrement von tausend Bedürfnissen. Mit diesen steht er auf der Erde, sich selber überlassen, über alles in Ungewißheit, nur nicht über seine Bedürftigkeit und seine Not: demgemäß füllt die Sorge für die Erhaltung jenes Daseins unter so schweren, sich jeden Tag von neuem meldenden Forderungen in der Regel das ganze Menschenleben aus. An sie knüpft sich sodann unmittelbar die zweite Anforderung, die der Fortpflanzung des Geschlechts. Zugleich bedrohen ihn von allen Seiten die verschiedenartigsten Gefahren, denen zu entgehn es beständiger Wachsamkeit bedarf. Mit behutsamem Schritt und ängstlichem Umherspähen verfolgt er seinen Weg, denn tausend Zufälle und tausend Feinde lauern ihm auf. So ging er in der Wildnis, und so geht er im zivilisierten Leben; es gibt für ihn keine Sicherheit:

Qualibus in tenebris vitae, quantisque periclis
Degitur hocc' aevi, quodcunque est!
(In welch freudlosem Dunkel und unter welchen Gefahren
Leben die Menschen dahin den kurzen Moment ihres Lebens!)

Das Leben der allermeisten ist auch nur ein steter Kampf um die Existenz selbst, mit der Gewißheit, ihn zuletzt zu verlieren. Was sie aber in diesem so mühseligen Kampfe ausdauern läßt, ist nicht sowohl die Liebe zum Leben, als die Furcht vor dem Tode, der jedoch als unausweichbar im Hintergrunde steht und jeden Augenblick herantreten kann. – Das Leben selbst ist ein Meer voller Klippen und Strudel, die der Mensch mit der größten Behutsamkeit und Sorgfalt vermeidet, obwohl er weiß, daß, wenn es ihm auch gelingt, mit aller Anstrengung und Kunst sich durchzuwinden, er eben dadurch mit jedem Schritt dem größten, dem totalen, dem unvermeidlichen und unheilbaren Schiffbruch näher kommt, ja gerade auf ihn zusteuert, – dem Tode: dieser ist das endliche Ziel der mühseligen Fahrt und für ihn schlimmer als alle Klippen, denen er auswich.

Nun ist es aber sogleich sehr bemerkenswert, daß einerseits die Leiden und Qualen des Lebens leicht so anwachsen können, daß selbst der Tod, in der Flucht vor welchem das ganze Leben besteht, wünschenswert wird und man freiwillig zu ihm eilt; und andererseits wieder, daß, sobald Not und Leiden dem Menschen eine Rast vergönnen, die Langeweile gleich so nahe ist, daß er des Zeitvertreibs notwendig bedarf. Was alle Lebenden beschäftigt und in Bewegung erhält, ist das Streben nach Dasein. Mit dem Dasein aber, wenn es ihnen gesichert ist, wissen sie nichts anzufangen: daher ist das zweite, was sie in Bewegung setzt, das Streben, die Last des Daseins los zu werden, es unfühlbar zu machen, „die Zeit zu töten", d. h. der Langenweile zu entgehn. Demgemäß sehn wir, daß fast alle vor Not und Sorgen geborgene Menschen, nachdem sie nun endlich alle andern Lasten abgewälzt haben, jetzt sich selbst zur Last sind und nun jede durchgebrachte Stunde für Gewinn achten, also jeden Abzug von eben jenem Leben, zu dessen möglichst langer Erhaltung sie bis dahin alle Kräfte aufboten. Die Langeweile aber ist nichts weniger als ein gering zu achtendes Übel: sie malt zuletzt wahre Verzweiflung auf das Gesicht. Sie macht, daß Wesen, welche einander so wenig lieben wie die Menschen, doch so sehr einander suchen, und wird dadurch die Quelle der Geselligkeit. Auch werden überall gegen sie, wie gegen andere allgemeine Kalamitäten, öffentliche Vorkehrungen getroffen, schon aus Staatsklugheit; weil dieses Übel, so gut als sein entgegengesetztes Extrem, die Hungersnot, die Menschen zu den größten Zügellosigkeiten treiben kann: panem et circenses (Brot und Zirkusspiele) braucht das Volk. Das strenge Philadelphische Pönitentiarsystem macht, mittelst Einsamkeit und Untätigkeit, bloß die Langeweile zum Strafwerkzeug: und es ist ein so fürchterliches, daß es schon die Züchtlinge zum Selbstmord geführt hat. Wie die Not die beständige Geißel des Volkes ist, so die Langeweile die der vornehmen Welt. Im bürgerlichen Leben ist sie durch den Sonntag, wie die Not durch die sechs Wochentage repräsentiert.

Zwischen Wollen und Erreichen fließt nun durchaus jedes Menschenleben fort. Der Wunsch ist seiner Natur nach Schmerz: die Erreichung gebiert schnell Sättigung: das Ziel war nur scheinbar: der Besitz nimmt den Reiz weg: unter einer neuen Gestalt stellt sich der Wunsch, das Bedürfnis wieder ein: wo nicht, so folgt Öde, Leere, Langeweile, gegen welche der Kampf ebenso quälend ist wie gegen die Not. – Daß Wunsch und Befriedigung sich ohne zu kurze und ohne zu lange Zwischenräume folgen, verkleinert das Leiden, welches beide geben, zum geringsten Maße und macht den glücklichsten Lebenslauf aus. Denn das, was man sonst den schönsten Teil, die reinsten Freuden des Lebens nennen möchte, eben auch nur, weil es uns aus dem realen Dasein heraushebt und uns in anteilslose Zuschauer desselben verwandelt, also das reine Erkennen, dem alles Wollen fremd bleibt, der Genuß des Schönen, die echte Freude an der Kunst, dies ist, weil es schon seltene Anlagen erfordert, nur höchst wenigen und auch diesen nur als ein vorübergehender Traum vergönnt: und dann macht eben diese wenigen die höhere intellektuelle Kraft für viel größere Leiden empfänglich, als die Stumpferen je empfinden können und stellt sie überdies einsam unter merklich von ihnen verschiedene Wesen: wodurch sich denn auch dieses ausgleicht. Dem bei weitem größten Teile der Menschen aber sind die rein intellektuellen Genüsse nicht zugänglich; der Freude, die im reinen Erkennen liegt, sind sie fast ganz unfähig: sie sind gänzlich auf das Wollen verwiesen. Wenn daher irgend etwas ihnen Anteil abgewinnen, ihnen *interessant* sein soll, so muß es (dies liegt auch schon in der Wortbedeutung) irgendwie ihren *Willen* anregen, sei es auch nur durch eine ferne und nur in der Möglichkeit liegende Beziehung auf ihn; er darf aber nie ganz aus dem Spiele bleiben, weil ihr Dasein bei weitem mehr im Wollen als im Erkennen liegt: Aktion und Reaktion ist ihr einziges Element. Die naiven Äußerungen dieser Beschaffenheit kann man aus Kleinigkeiten und alltäglichen Erscheinungen abnehmen: so z. B. schreiben sie an sehenswerten Orten, die sie besuchen, ihre Namen hin, um so zu reagieren, um auf den Ort zu wirken, da er nicht auf sie wirkte: ferner können sie nicht leicht ein fremdes, seltenes Tier bloß betrachten, sondern müssen es reizen, necken, mit ihm spielen, um nur Aktion und Reaktion zu empfinden; ganz besonders aber zeigt jenes Bedürfnis der Willensanregung sich an der Erfindung und Erhaltung des Kartenspiels, welches recht eigentlich der Ausdruck der kläglichen Seite der Menschheit ist.

Aber was auch Natur, was auch das Glück getan haben mag; wer man auch sei und was man auch besitze; der dem Leben wesentliche Schmerz läßt sich nicht abwälzen.

## *Die Parabel von den Stachelschweinen*

Eine Gesellschaft Stachelschweine drängte sich an einem kalten Wintertage recht nahe zusammen, um durch die gegenseitige Wärme sich vor dem Erfrieren zu schützen. Jedoch bald empfanden sie die gegenseitigen Stacheln; welches sie dann wieder voneinander entfernte. Wenn nun das Bedürfnis der Erwärmung sie wieder näher zusammenbrachte, wiederholte sich jenes zweite Übel; so daß sie zwischen beiden Leiden hin- und hergeworfen wurden; bis sie eine mäßige Entfernung voneinander herausgefunden hatten, in der sie es am besten aushalten konnten. – So treibt das Bedürfnis der Gesellschaft, aus der Leere und Monotonie des eigenen Innern entsprungen, die Menschen zueinander; aber ihre vielen widerwärtigen Eigenschaften und unerträglichen Fehler stoßen sie wieder voneinander ab. Die mittlere Entfernung, die sie endlich herausfinden und bei welcher ein Beisammensein bestehn kann, ist die Höflichkeit und feine Sitte. Dem, der sich nicht in dieser Entfernung hält, ruft man in England zu: keep your distance! [Bewahre deinen Abstand!] – Vermöge derselben wird zwar das Bedürfnis gegenseitiger Erwärmung nur unvollkommen befriedigt, dafür aber der Stich der Stacheln nicht empfunden. – Wer jedoch viel eigene innere Wärme hat, bleibt lieber aus der Gesellschaft weg, um keine Beschwerde zu geben noch zu empfangen.

## *Glück und Schmerz*

Alle Befriedigung, oder was man gemeinhin Glück nennt, ist eigentlich und wesentlich immer nur negativ und durchaus nie positiv. Es ist nicht eine ursprünglich und von selbst auf uns kommende Beglückung, sondern muß immer die Befriedigung eines Wunsches sein. Denn Wunsch, d. h. Mangel, ist die vorhergehende Bedingung jedes Genusses. Mit der Befriedigung hört aber der Wunsch und folglich der Genuß auf. Daher kann die Befriedigung oder Beglückung nie mehr sein als die Befreiung von einem Schmerz, von einer Not; denn dahin gehört nicht nur jedes wirkliche, offenbare Leiden, sondern auch jeder Wunsch, dessen Importunität unsere Ruhe stört, ja sogar auch die ertötende Langeweile, die uns das Dasein zur Last macht. – Nun aber ist es so schwer, irgend etwas zu erreichen und durchzusetzen: jedem Vorhaben stehen Schwierigkeiten und Bemühungen ohne Ende entgegen, und bei jedem Schritt häufen sich die Hindernisse. Wenn aber endlich alles überwunden und erlangt ist, so kann doch nie etwas anderes gewonnen sein, als daß man von irgendeinem Leiden oder einem Wunsche befreit ist, folglich nur sich so befindet, wie vor dessen Eintritt. – Unmittelbar gegeben ist uns immer nur der Mangel, d. h. der Schmerz. Die Befriedigung aber und den Genuß können wir nur mittelbar erkennen, durch Erinnerung an das vorhergegangene Leiden und Entbehren, welches bei seinem Eintritt aufhörte. Daher kommt es, daß wir der Güter und Vorteile, die wir wirklich besitzen, gar nicht recht innewerden noch sie schätzen, sondern nicht anders meinen, als eben es müsse so sein, denn sie beglücken immer nur negativ, Leiden abhaltend. Erst nachdem wir sie verloren haben, wird uns ihr Wert fühlbar; denn der Mangel, das Entbehren, das Leiden ist das Positive, sich unmittelbar Ankündigende. Daher auch freut uns die Erinnerung überstandener Not, Krankheit, Mangel u. dgl., weil solche das einzige Mittel, die gegenwärtigen Güter zu genießen, ist.

## *Positiv ist nur der Schmerz*

Wie der Bach keine Strudel macht, solange er auf keine Hindernisse trifft, so bringt die menschliche wie die tierische Natur es mit sich, daß wir alles, was unserm Willen gemäß geht, nicht recht merken und innewerden. Sollen wir es merken, so muß es nicht sogleich unserm Willen gemäß gegangen sein, sondern irgendeinen Anstoß gefunden haben. – Hingegen alles, was unserm Willen sich entgegenstellt, ihn durchkreuzt, ihm widerstrebt, also alles Unangenehme und Schmerzliche empfinden wir unmittelbar, sogleich und sehr deutlich. Wie wir die Gesundheit unsers ganzen Leibes *nicht fühlen*, sondern nur die kleine Stelle, wo uns der Schuh drückt, so denken wir auch nicht an unsere gesamten, vollkommen wohl gehenden Angelegenheiten, sondern an irgendeine unbedeutende Kleinigkeit, die uns verdrießt. – Hierauf beruht die von mir öfter hervorgehobene Negativität des Wohlseins und Glücks, im Gegensatz der Positivität des Schmerzes.

### *Wir sollen nicht glücklich sein*

Die unbefangene Betrachtung jedes Lebenslaufes, aber unsers eigenen insbesondere, läßt uns erkennen, daß es im Leben nicht bloß nicht darauf abgesehn ist, daß wir glücklich seien, sondern sogar darauf, daß wir nicht glücklich seien. Es trägt durch seine endlosen Hindernisse, Widerwärtigkeiten, Unfälle und Not durchweg den Charakter von etwas, daran uns der Geschmack verdorben werden soll, davon wir degoutiert werden sollen, davon wir, wie von einem Irrtum, zurückgebracht werden sollen.

Der Tor läuft den Genüssen des Lebens nach und sieht sich betrogen: der Weise vermeidet die Übel.

Kein verkehrterer Weg zum Glück als das Leben in der großen Welt, in Saus und Braus: denn es bezweckt, unser elendes Dasein in eine Sukzession von Freude, Genuß, Vergnügen zu verwandeln, wobei die Enttäuschung nicht ausbleiben kann; so wenig wie bei der obligaten Begleitung dazu, dem gegenseitigen einander Belügen.

Wenn auch die schlechten Streiche erst in jener Welt gebüßt werden, so doch die dummen schon in dieser – wiewohl hin und wieder einmal Gnade für Recht ergehen mag.

Der Reichtum gleicht dem Seewasser; je mehr man davon trinkt, desto durstiger wird man.

Vorhandenes Vermögen soll man betrachten als eine Schutzmauer gegen die vielen möglichen Übel und Unfälle; nicht als eine Erlaubnis oder gar Verpflichtung, die Pläsiers der Welt heranzuschaffen.

Je mehr ein Mensch des ganzen Ernstes fähig ist, desto herzlicher kann er lachen.

Die kleinen Unfälle, die uns stündlich vexieren, kann man betrachten als bestimmt, uns in Übung zu erhalten, damit die Kraft, die großen zu ertragen, im Glück nicht ganz erschlaffe.

Unsere Maxime sei: opfere den bösen Dämonen! D. h. man soll einen gewissen Aufwand von Mühe, Zeit, Unbequemlichkeit, Weitläufigkeit, Geld oder Entbehrung nicht scheuen, um der Möglichkeit eines Unglücks die Türe zu verschließen: und je größer dieses wäre, desto kleiner, entfernter, unwahrscheinlicher mag jene sein.

Nichts wird uns zum gelassenen Ertragen der uns treffenden Unglücksfälle besser befähigen als die Überzeugung von der Wahrheit ... „Alles, was geschieht, vom Größten bis zum Kleinsten, geschieht notwendig." Denn in das unvermeidlich Notwendige weiß der Mensch sich bald zu finden, und jene Erkenntnis läßt ihn alles, selbst das durch die fremdartigsten Zufälle Herbeigeführte, als ebenso notwendig ansehn, wie das nach den bekanntesten Regeln und unter vollkommener Voraussicht Erfolgende.

Die Menschen, welche nach einem glücklichen, glänzenden und langen Leben, statt nach einem tugendhaften Leben streben, gleichen den törichten Schauspielern, die immer brillante, siegreiche und lange Rollen haben wollen, weil sie nicht einsehn, daß es nicht darauf ankommt, *was* oder *wieviel* sie spielen, sondern *wie* sie spielen.

Ein erfüllter Wunsch gleicht dem Almosen, das der Bettler empfängt: er erhält es heute, damit er morgen wieder hungre. Aber die Resignation gleicht dem geerbten Grundstück: es entnimmt den Besitzer aller Sorgen für immer.

Beim Anblick dessen, was wir nicht besitzen, steigt gar leicht in uns der Gedanke auf: „Wie, wenn das mein wäre?“ und er macht uns die Entbehrung fühlbar. Statt dessen sollten wir öfter fragen: „Wie, wenn das nicht mein wäre?“ Ich meine, wir sollten das, was wir besitzen, bisweilen so anzusehn uns bemühen, wie es uns vorschweben würde, nachdem wir es verloren hätten.

Was einer in sich ist und an sich selber hat, kurz die Persönlichkeit und deren Wert, ist das alleinige Unmittelbare zu seinem Glück und Wohlsein.

Viele leben zu sehr in der Gegenwart: die Leichtsinnigen; – andere zu sehr in der Zukunft: die Ängstlichen und Besorglichen. Selten wird einer genau das rechte Maß halten.

Tausend heitere, angenehme Stunden lassen wir mit verdrießlichem Gesicht ungenossen an uns vorüberziehn, um nachher, zur trüben Zeit, mit vergeblicher Sehnsucht ihnen nachzuseufzen.

Statt mit den Plänen und Sorgen für die Zukunft ausschließlich und immerdar beschäftigt zu sein oder uns der Sehnsucht nach der Vergangenheit hinzugeben, sollten wir nie vergessen, daß die Gegenwart allein real und allein gewiß ist; hingegen die Zukunft fast immer anders ausfällt, als wir sie denken; ja, auch die Vergangenheit anders war; und zwar so, daß es mit beiden, im ganzen, weniger auf sich hat, als es uns scheint.

Je enger unser Gesichts-, Wirkungs- und Berührungskreis, desto glücklicher sind wir: je weiter, desto öfter fühlen wir uns gequält oder geängstigt.

Solange der Ausgang einer gefährlichen Sache nur noch zweifelhaft ist, solange nur noch die Möglichkeit, daß er ein glücklicher werde, vorhanden ist, darf an kein Zagen gedacht werden, sondern bloß an Widerstand, wie man am Wetter nicht verzweifeln darf, solange noch ein blauer Fleck am Himmel ist.

Überhaupt aber beruhen neun Zehntel unsers Glücks allein auf der Gesundheit.

Kommt zu einem schmerzlosen Zustand noch die Abwesenheit der Langeweile, so ist das irdische Glück im wesentlichen erreicht; denn das übrige ist Schimäre.

Weil alles Glück und aller Genuß negativer, der Schmerz aber positiver Art ist, so ist das Leben nicht da, um genossen zu werden, sondern um abgetan, durchgemacht zu werden. Wer sein Leben ohne übergroße physische und geistige Schmerzen durchbringt, hat das glücklichste Los gehabt, das zu finden war; nicht aber der, dem die größten Freuden und Genüsse zuteil geworden.

### *Dem Willen zum Leben ist das Leben gewiß*

Wen die Lasten des Lebens drücken, wer zwar wohl das Leben möchte und es bejaht, aber die Qualen desselben verabscheut, und besonders das harte Los, das gerade ihm zugefallen ist, nicht länger tragen mag, ein solcher hat nicht vom Tode Befreiung zu hoffen und kann sich nicht durch Selbstmord retten. Nur mit falschem Scheine lockt ihn der finstere kühle Orkus als Hafen der Ruhe. Die Erde wälzt sich vom Tage in die Nacht, das Individuum stirbt, aber die Sonne selbst brennt ohne Unterlaß ewigen Mittag. Dem Willen zum Leben ist das Leben gewiß. Die Form des Lebens ist Gegenwart ohne Ende, gleichviel wie die Individuen, Erscheinungen der Idee, in der Zeit entstehn und vergehn, flüchtigen Träumen zu vergleichen.

### *Der Pessimismus*

Man hat geschrien über das Melancholische und Trostlose meiner Philosophie. Es liegt jedoch bloß darin, daß ich, statt als Äquivalent der Sünden eine künftige Hölle zu fabeln, nachwies, daß, wo die Schuld liegt, in der Welt auch schon etwas Höllenartiges sei. Wer aber dieses leugnen wollte – kann es leicht einmal erfahren.

## XI. JUNGSEIN UND ALTWERDEN

Wenn man auch noch so alt wird, so fühlt man doch im Innern sich ganz und gar als denselben, der man war als man jung, ja, als man noch ein Kind war.

Man muß alt geworden sein, also lange gelebt haben, um zu erkennen, wie kurz das Leben ist.

In früher Jugend sitzen wir vor unserm bevorstehenden Lebenslauf wie die Kinder vor dem Theatervorhang, in froher und gespannter Erwartung der Dinge, die da kommen sollen. Ein Glück, daß wir nicht wissen, was wirklich kommen wird. Denn wer es weiß, dem können zu Zeiten die Kinder vorkommen wie unschuldige Delinquenten, die zwar nicht zum Tode, hingegen zum Leben verurteilt sind, jedoch den Inhalt ihres Urteils noch nicht vernommen haben. – Nichtsdestoweniger wünscht jeder sich ein hohes Alter.

Ich habe die Bemerkung gemacht, daß der Charakter fast jedes Menschen einem Lebensalter vorzugsweise angemessen zu sein scheint, so daß er in diesem sich vorteilhafter ausnimmt. Einige sind liebenswürdige Jünglinge und dann ist's vorbei; andere kräftige, tätige Männer, denen das Alter allen Wert raubt; manche stellen sich am vorteilhaftesten im Alter dar, als wo sie milder, weil erfahrener und gelassener sind: dies ist oft bei den Franzosen der Fall.

Was der gereifte Mann durch die Erfahrung seines Lebens erlangt hat, und wodurch er die Welt anders sieht als der Jüngling und Knabe, ist *Unbefangenheit*. Er allererst sieht die Dinge ganz einfach und nimmt sie für das, was sie sind; während dem Knaben und Jüngling ein Trugbild, zusammengesetzt aus selbstgeschaffenen Grillen, überkommenen Vorurteilen und seltsamen Phantasien, die wahre Welt bedeckte oder verzerrte. Denn das erste, was die Erfahrung zu tun vorfindet, ist, uns von den Hirngespinsten und falschen Begriffen zu befreien, welche sich in der Jugend angesetzt haben.

Wenn wir jung sind, vermeinen wir, daß die in unserm Lebenslauf wichtigen und folgenreichen Begebenheiten und Personen mit Pauken und Trompeten auftreten werden: im Alter zeigt jedoch die retrospektive Betrachtung, daß sie alle ganz still, durch die Hintertür und fast unbeachtet hereingeschlichen sind.

Vom Standpunkte der Jugend aus gesehen ist das Leben eine unendlich lange Zukunft; vom Standpunkte des Alters aus eine sehr kurze Vergangenheit; so daß es anfangs sich uns darstellt wie die Dinge, wenn wir das Objektivglas des Operngukkers ans Auge legen, zuletzt aber, wie wenn das Okular.

Wie im Anfange des Frühlings alles Laub die gleiche Farbe und fast die gleiche Gestalt hat, so sind auch wir in früher Kindheit alle einander ähnlich, harmonieren daher vortrefflich. Aber mit der Pubertät fängt die Divergenz an und wird, wie die der Radien eines Zirkels, immer größer.

Wie man, auf einem Schiffe befindlich, sein Vorwärtskommen nur am Zurückweichen und demnach Kleinerwerden der Gegenstände auf dem Ufer bemerkt, so wird man sein Alt- und Älterwerden daran inne, daß Leute von immer höheren Jahren einem jung vorkommen.

Im Alter versteht man besser die Unglücksfälle zu verhüten; in der Jugend, sie zu ertragen.

Jede Trennung gibt einen Vorgeschmack des Todes – und jedes Wiedersehen einen Vorgeschmack der Auferstehung. Darum jubeln selbst Leute, die einander gleichgültig waren, so sehr, wenn sie, nach zwanzig oder gar dreißig Jahren, wieder zusammentreffen.

Der Rückblick auf unser vergangenes Leben gewährt uns nie volles Genügen. Entweder wir erblicken Schmerzen; oder Freuden, die wir nicht genossen; oder Genüsse, deren wir nicht inne geworden. – Das macht, unser Ich ist aus zwei verschiedenen und selten oder nie ganz richtig zusammengehenden Uhrwerken zusammengesetzt: aus dem Willen, der unser eigentliches und ursprüngliches Wesen ist und der nichts kennt, als sein „Befriedigt" oder „Nichtbefriedigt" (so einfach ist er!), und aus der Erkenntnis, die ihm dieses einfache Thema in Millionen bunten und verschiedenen Bildern vorhält. Erinnerung verschiedener Zeiten gibt eigentlich bloß die verschiedenen Bilder der Erkenntnis wieder; denn das Thema des Willens ist immer das alte und monotone gewesen.

Nur wer alt wird, erhält eine vollständige und angemessene Vorstellung vom Leben, indem er es in seiner Ganzheit und seinem natürlichen Verlauf, besonders aber nicht bloß . . . von der Eingangs-, sondern auch von der Ausgangsseite übersieht, wodurch er dann besonders die Nichtigkeit desselben vollkommen erkennt, während die übrigen stets noch in dem Wahn befangen sind, das Rechte werde noch erst kommen.

## XII. ÜBER DEN TOD

Das Leben und die Träume sind Blätter eines und des nämlichen Buches. Das Lesen im Zusammenhange heißt wirkliches Leben. Wenn aber die jedesmalige Lesestunde (der Tag) zu Ende und die Erholungszeit gekommen ist, so blättern wir oft noch müßig und schlagen, ohne Ordnung und Zusammenhang, bald hier, bald dort ein Blatt auf: oft ist es ein schon gelesenes, oft ein noch unbekanntes, aber immer aus demselben Buch. So ein einzeln gelesenes Blatt ist zwar außer Zusammenhang mit der folgerechten Durchlesung: doch steht es hiedurch nicht so gar sehr hinter dieser zurück, wenn man bedenkt, daß auch das Ganze der folgerechten Lektüre ebenso aus dem Stegreife anhebt und endigt und sonach nur als ein größeres einzelnes Blatt anzusehn ist.

### *Das alte Leierstück*

Es ist wirklich unglaublich, wie nichtssagend und bedeutungsleer, von außen gesehn, und wie dumpf und besinnungslos, von innen empfunden, das Leben der allermeisten Menschen dahinfließt. Es ist ein mattes Sehnen und Quälen, ein träumerisches Taumeln durch die vier Lebensalter hindurch zum Tode, unter Begleitung einer Reihe trivialer Gedanken. Sie gleichen Uhrwerken, welche aufgezogen werden und gehn, ohne zu wissen warum; und jedesmal, daß ein Mensch gezeugt und geboren worden, ist die Uhr des Menschenlebens aufs neue aufgezogen, um jetzt ihr schon zahllose Male abgespieltes Leierstück abermals zu wiederholen, Satz vor Satz und Takt vor Takt, mit unbedeutenden Variationen.

## *Liebe und Tod*

Es hat sich ergeben, daß die sorgfältige und durch unzählige Stufen bis zur leidenschaftlichen Liebe steigende Auswahl bei der Befriedigung des Geschlechtstriebes auf dem höchst ernsten Anteil beruht, welchen der Mensch an der speziellen persönlichen Beschaffenheit des kommenden Geschlechts nimmt. Dieser überaus merkwürdige Anteil nun bestätigt zwei in den vorhergegangenen Kapiteln dargetane Wahrheiten: 1. Die Unzerstörbarkeit des Wesens an sich des Menschen, als welches in jenem kommenden Geschlechte fortlebt. Denn jener so lebhafte und eifrige, nicht aus Reflexion und Vorsatz, sondern aus dem innersten Zuge und Triebe unsers Wesens entspringende Anteil könnte nicht so unvertilgbar vorhanden sein und so große Macht über den Menschen ausüben, wenn dieser absolut vergänglich wäre und ein von ihm wirklich und durchaus verschiedenes Geschlecht bloß der Zeit nach auf ihn folgte. 2. Daß sein Wesen an sich mehr in der Gattung als im Individuum liegt. Denn jenes Interesse an der speziellen Beschaffenheit der Gattung, welches die Wurzel aller Liebeshändel, von der flüchtigsten Neigung bis zur ernstlichsten Leidenschaft, ausmacht, ist jedem eigentlich die höchste Angelegenheit, nämlich die, deren Gelingen oder Mißlingen ihn am empfindlichsten berührt; daher sie vorzugsweise die *Herzensangelegenheit* genannt wird: auch wird diesem Interesse, wenn es sich stark und entschieden ausgesprochen hat, jedes bloß die eigene Person betreffende nachgesetzt und nötigenfalls aufgeopfert. Dadurch also bezeugt der Mensch, daß ihm die Gattung näher liegt als das Individuum und er unmittelbarer in jener als in diesem lebt.

Warum demnach hängt der Verliebte mit gänzlicher Hingebung an den Augen seiner Auserkorenen und ist bereit, ihr jedes Opfer zu bringen? – Weil sein *unsterblicher* Teil es ist, der nach ihr verlangt; nach allem sonstigen immer nur der sterbliche. – Jenes lebhafte oder gar inbrünstige auf ein bestimmtes Weib gerichtete Verlangen ist sonach ein unmittelbares Unterpfand der Unzerstörbarkeit des Kerns unsers Wesens und seines Fortbestandes in der Gattung. Diesen Fortbestand nun aber für etwas Geringfügiges und Ungenügendes zu halten ist ein Irrtum, der daraus entspringt, daß man unter dem Fortleben der Gattung sich nichts weiter denkt als das künftige Dasein uns ähnlicher, jedoch in keinem Betracht mit uns identischer Wesen, und dies wieder, weil man, von der nach außen gerichteten Erkenntnis ausgehend, nur die äußere Gestalt der Gattung, wie wir diese anschaulich auffassen, und nicht ihr inneres Wesen in Betracht zieht. Dieses innere Wesen aber gerade ist es, was unserm eigenen Bewußtsein als dessen Kern zum Grunde liegt, daher sogar unmittelbarer als dieses selbst ist und als Ding an sich, frei vom principium individuationis, eigentlich Dasselbe und Identische ist in allen Individuen, sie mögen neben- oder nacheinander da sein. Dieses nun ist der Wille zum Leben, also gerade das, was Leben und Fortdauer so dringend verlangt. Dies eben bleibt demnach vom Tode verschont und unangefochten . . .

Wenn wir nun vom Standpunkte dieser letzten Betrachtung aus in das Gewühl des Lebens hineinschauen, erblicken wir alle mit der Not und Plage desselben beschäftigt, alle Kräfte anstrengend, die endlosen Bedürfnisse zu befriedigen und das vielgestaltete Leiden abzuwehren, ohne jedoch etwas anderes dafür hoffen zu dürfen als eben die Erhaltung dieses geplagten, individuellen Daseins eine kurze Spanne Zeit hindurch. Dazwischen aber, mitten in dem Getümmel, sehn wir die Blicke zweier Liebenden sich sehnsüchtig begegnen – jedoch warum so heimlich, furchtsam und verstohlen? – Weil diese Liebenden die Verräter sind, welche heimlich danach trachten, die ganze Not und Plackerei zu perpetuieren, die sonst ein baldiges Ende erreichen würde, welches sie vereiteln wollen, wie ihresgleichen es früher vereitelt haben.

## *Metaphysik der Geschlechtsliebe*

Dieser mit dem Tode gleich geheimnisvolle Vorgang stellt uns den fundamentalen Gegensatz zwischen Erscheinung und Wesen an sich der Dinge, d. i. zwischen der Welt als Vorstellung und der Welt als Wille, wie auch die gänzliche Heterogeneität der Gesetze beider am unmittelbarsten vor Augen. Der Zeugungsakt nämlich stellt sich uns auf zweifache Weise dar: erstlich für das Selbstbewußtsein, dessen alleiniger Gegenstand der Wille mit allen seinen Affektionen ist: und sodann für das Bewußtsein anderer Dinge, d. i. der Welt der Vorstellung oder der empirischen Realität der Dinge. Von der Willensseite nun, also innerlich, subjektiv, für das Selbstbewußtsein, stellt jener Akt sich dar als die unmittelbarste und vollkommenste Befriedigung des Willens, d. i. als Wollust. Von der Vorstellungsseite hingegen, also äußerlich, objektiv, für das Bewußtsein von andern Dingen, ist eben dieser Akt der Einschlag zum allerkünstlichsten Gewebe, die Grundlage des unaussprechlich komplizierten animalischen Organismus, der dann nur noch der Entwicklung bedarf, um unsern erstaunten Augen sichtbar zu werden. Dieser Organismus, dessen ins Unendliche gehende Komplikation und Vollendung nur der kennt, welcher Anatomie studiert hat, ist von der Vorstellungsseite aus nicht anders zu begreifen und zu denken als ein mit der planvollsten Kombination ausgedachtes und mit überschwenglicher Kunst und Genauigkeit ausgeführtes System, als das mühseligste Werk der tiefsten Überlegung: – nun aber von der Willensseite kennen wir, durch das Selbstbewußtsein, seine Hervorbringung als das Werk eines Aktes, der das gerade Gegenteil aller Überlegung ist, eines ungestümen blinden Dranges, einer überschwenglich wollüstigen Empfindung.

Dieser Gegensatz ist genau verwandt mit dem nachgewiesenen unendlichen Kontrast zwischen der absoluten Leichtigkeit, mit der die Natur ihre Werke hervorbringt, nebst der dieser entsprechenden grenzenlosen Sorglosigkeit, mit welcher sie solche der Vernichtung preisgibt – und der unberechenbar künstlichen und durchdachten Konstruktion eben dieser Werke, nach welcher zu urteilen sie unendlich schwer zu machen und daher über ihre Erhaltung mit aller ersinnlichen Sorgfalt zu wachen sein müßte; während wir das Gegenteil vor Augen haben. –

Haben wir nun durch diese freilich sehr ungewöhnliche Betrachtung die beiden heterogenen Seiten der Welt aufs schroffste aneinander gebracht und sie gleichsam mit *einer* Faust umspannt, so müssen wir sie jetzt festhalten, um uns von der gänzlichen Ungültigkeit der Gesetze der Erscheinung, oder Welt als Vorstellung, für die des Willens oder der Dinge an sich zu überzeugen: dann wird es uns faßlicher werden, daß, während auf der Seite der Vorstellung, d. i. in der Erscheinungswelt, sich uns bald ein Entstehn aus Nichts, bald eine gänzliche Vernichtung des Entstandenen darstellt, von jener andern Seite aus, oder an sich, ein Wesen vorliegt, auf welches angewandt die Begriffe von Entstehn und Vergehn gar keinen Sinn haben. Denn wir haben soeben, indem wir auf den Wurzelpunkt zurückgingen, wo mittelst des Selbstbewußtseins die Erscheinung und das Wesen an sich zusammenstoßen, es gleichsam mit Händen gegriffen, daß beide schlechthin inkommensurabel sind und die ganze Welt des Seins des einen, nebst allen Grundgesetzen dieses Seins, im andern nichts und weniger als nichts bedeutet. –

Ich habe auseinandergesetzt, daß die große Anhänglichkeit an das Leben oder vielmehr die Furcht vor dem Tode keineswegs aus der *Erkenntnis* entspringt, in welchem Fall sie das Resultat des erkannten Wertes des Lebens sein würde, sondern daß jene Todesfurcht ihre Wurzel unmittelbar im Willen hat, aus dessen ursprünglichem Wesen, in welchem er ohne alle Erkenntnis und daher blinder Wille zum Leben ist, sie hervorgeht. Wie wir in das Leben hineingelockt werden durch den ganz illusorischen Trieb zur Wollust, so werden wir darin festgehalten durch die gewiß ebenso illusorische Furcht vor dem Tode. Beides entspringt unmittelbar aus dem Willen, der an sich erkenntnislos ist. Wäre umgekehrt der Mensch ein bloß *erkennendes* Wesen, so müßte der Tod ihm nicht nur gleichgültig, sondern sogar willkommen sein. Jetzt lehrt die Betrachtung, zu der wir hier gelangt sind, daß, was vom Tode getroffen wird, bloß das *erkennende* Bewußtsein ist, hingegen der *Wille*, sofern er das Ding an sich ist, welches jeder individuellen Erscheinung zum Grunde liegt, von allem auf Zeitbestimmungen Beruhenden frei, also auch unvergänglich ist.

## *Die Dazwischenkunft des Lebens*

Wenn, was uns den Tod so schrecklich erscheinen läßt, der Gedanke des *Nichtseins* wäre, so müßten wir mit gleichem Schauder der Zeit gedenken, da wir noch nicht waren. Denn es ist unumstößlich gewiß, daß das Nichtsein nach dem Tode nicht verschieden sein kann von dem vor der Geburt, folglich auch nicht beklagenswerter. Eine ganze Unendlichkeit ist abgelaufen, als wir *noch nicht* waren: aber das betrübt uns keineswegs. Hingegen, daß nach dem momentanen Intermezzo eines ephemeren Daseins eine zweite Unendlichkeit folgen sollte, in der wir *nicht mehr* sein werden, finden wir hart, ja unerträglich. Sollte nun dieser Durst nach Dasein etwa dadurch entstanden sein, daß wir es jetzt gekostet und so gar allerliebst gefunden hätten? Gewiß nicht; viel eher hätte die gemachte Erfahrung eine unendliche Sehnsucht nach dem verlorenen Paradiese des Nichtseins erwecken können. Auch wird der Hoffnung der Seelen-Unsterblichkeit allemal die einer „bessern Welt“ angehängt – ein Zeichen, daß die gegenwärtige nicht viel taugt. – Dieses alles ungeachtet ist die Frage nach unserm Zustande nach dem Tode gewiß zehntausend Mal öfter, in Büchern und mündlich, erörtert worden, als die nach unserm Zustande vor der Geburt. Theoretisch ist dennoch die eine ein ebenso naheliegendes und berechtigtes Problem wie die andere:

auch würde, wer die eine beantwortet hätte, mit der andern wohl gleichfalls im klaren sein. Schöne Deklamationen haben wir darüber, wie anstößig es wäre, zu denken, daß der Geist des Menschen, der die Welt umfaßt und so viele höchst vortreffliche Gedanken hat, mit ins Grab gesenkt würde: aber darüber, daß dieser Geist eine ganze Unendlichkeit habe verstreichen lassen, ehe er mit diesen seinen Eigenschaften entstanden sei, und die Welt ebensolange sich ohne ihn habe behelfen müssen, hört man nichts. Dennoch bietet der vom Willen unbestochenen Erkenntnis keine Frage sich natürlicher dar als diese: eine unendliche Zeit ist vor meiner Geburt abgelaufen; was war ich alle jene Zeit hindurch? – Metaphysisch ließe sich vielleicht antworten: „Ich war immer ich: nämlich alle, die jene Zeit hindurch ich sagten, die waren eben ich." Allein hievon sehn wir auf unserm vor der Hand noch ganz empirischen Standpunkt ab und nehmen an, ich wäre gar nicht gewesen. Dann aber kann ich mich über die unendliche Zeit nach meinem Tode, da ich nicht sein werde, trösten mit der unendlichen Zeit, da ich schon nicht gewesen bin, als einem wohl gewohnten und wahrlich sehr bequemen Zustande. Denn die Unendlichkeit a parte post ohne mich kann so wenig schrecklich sein als die Unendlichkeit a parte ante ohne mich; indem beide durch nichts sich unterscheiden als durch die Dazwischenkunft eines ephemeren Lebenstraums.

## *Das alte Klagelied*

Wer sein Dasein bloß als ein zufälliges auffaßt, muß allerdings fürchten, es durch den Tod zu verlieren. Hingegen wer auch nur im allgemeinen einsieht, daß dasselbe auf irgendeiner ursprünglichen Notwendigkeit beruhe, wird nicht glauben, daß diese, die etwas so Wundervolles herbeigeführt hat, auf eine solche Spanne Zeit beschränkt sei, sondern daß sie in jeder wirke. Als ein notwendiges aber wird sein Dasein erkennen, wer erwägt, daß bis jetzt, da er existiert, bereits eine unendliche Zeit, also auch eine Unendlichkeit von Veränderungen, abgelaufen ist, er aber dieser ungeachtet doch da ist: die ganze Möglichkeit aller Zustände hat sich also bereits erschöpft, ohne sein Dasein aufheben zu können. *Könnte er jemals nicht sein, so wäre er schon jetzt nicht.* Denn die Unendlichkeit der bereits abgelaufenen Zeit, mit der darin erschöpften Möglichkeit ihrer Vorgänge, verbürgt, daß, *was existiert, notwendig existiert.* Mithin hat jeder sich als ein notwendiges Wesen zu begreifen, d. h. als ein solches, aus dessen wahrer und erschöpfender Definition, wenn man sie nur hätte, das Dasein desselben folgen würde. In diesem Gedankengange liegt wirklich der allein immanente, d. h. sich im Bereich erfahrungsmäßiger Data haltende Beweis der Unvergänglichkeit unsers eigentlichen Wesens. Diesem nämlich muß die Existenz inhärieren, weil sie sich als von allen durch die Kausalkette möglicherweise herbeiführbaren Zustände unabhängig erweist: denn diese haben bereits das Ihrige getan, und dennoch ist unser Dasein davon so unerschüttert geblieben wie der Lichtstrahl vom Sturmwind, den er durchschneidet. Könnte die Zeit aus eigenen Kräften uns einem glückseligen Zustand entgegenführen, so wären wir schon lange da: denn eine unendliche Zeit liegt hinter uns. Aber ebenfalls: könnte sie uns dem Untergange entgegenführen, so wären wir schon längst nicht mehr. Daraus, daß wir jetzt da sind, folgt, wohlerwogen, daß wir jederzeit dasein müssen. Denn wir sind selbst das Wesen, welches die Zeit, um ihre Leere auszufüllen, in sich aufgenommen hat: deshalb füllt es eben die *ganze* Zeit, Gegenwart, Vergangenheit und Zukunft auf gleiche Weise, und es ist uns so unmöglich, aus dem Dasein, wie aus dem Raume hinauszufallen. – Genau betrachtet ist es undenkbar, daß das, was einmal in aller Kraft der Wirklichkeit da ist, jemals zu nichts werden und dann eine unendliche Zeit hindurch nicht sein sollte. Hieraus ist die Lehre der Christen von der Wiederbringung aller Dinge, die der Hindu von der sich stets erneuernden Schöpfung der Welt durch Brahma, nebst ähnlichen Dogmen griechischer Philosophen hervorgegangen. – Das große Geheimnis unsers Seins und Nichtseins, welches aufzuklären diese und alle damit verwandten Dogmen erdacht wurden, beruht zuletzt darauf, daß dasselbe, was objektiv eine unendliche Zeitreihe ausmacht, subjektiv ein Punkt, eine unteilbare, allezeit gegenwärtige Gegenwart ist: aber wer faßt es? Am deutlichsten hat es *Kant* dargelegt, in seiner unsterblichen Lehre von der Idealität der Zeit und der alleinigen Realität des Dinges an sich. Denn aus dieser ergibt sich, daß das eigentlich Wesentliche der Dinge, des Menschen, der Welt, bleibend und beharrend im Nunc stans [unübersetzbar; wörtlich: das stehende Jetzt] liegt, fest und unbeweglich; und daß der Wechsel der Erscheinungen und Begebenheiten eine bloße Folge unserer Auffassung desselben mittelst unserer Anschauungsform der Zeit ist. Demnach, statt zu den Menschen zu sagen: „ihr seid durch die Geburt entstanden, aber unsterblich"; sollte man ihnen sagen: „ihr seid nicht Nichts", und sie dieses verstehn lehren, im Sinne des dem Hermes Trismegistos beigelegten Ausspruchs: Το γαϱ ον αει εσται. (Quod enim est, erit semper.) [Denn das Seiende wird ewig sein.] Wenn es jedoch hiemit nicht gelingt, sondern das beängstigte Herz sein altes Klagelied anstimmt: „Ich sehe alle Wesen durch die Geburt aus dem Nichts entstehn und diesem nach kurzer Frist wieder anheimfallen: auch mein Dasein, jetzt in der Gegenwart, wird bald in ferner Vergangenheit liegen, und ich werde Nichts sein!" – so ist die richtige Antwort: „Bist du nicht da? Hast du sie nicht inne, die kostbare Gegenwart, nach der ihr Kinder der Zeit alle so gierig trachtet, jetzt inne, wirklich inne? Und verstehst du, wie du zu ihr gelangt bist? Kennst du die Wege, die dich zu ihr geführt haben, daß du einsehn könntest, sie würden dir durch den Tod versperrt? Ein Dasein deines Selbst, nach der Zerstörung deines Leibes, ist dir seiner Möglichkeit nach unbegreiflich: aber kann es dir unbegreiflicher sein, als dir dein jetziges Dasein ist, und wie du dazu gelangtest? Warum solltest du zweifeln, daß die geheimen Wege, die dir zu dieser Gegenwart offenstanden, dir nicht auch zu jeder künftigen offenstehn werden?"

### *Hast du genug?*

In der Stunde des Todes entscheidet sich, ob der Mensch in den Schoß der Natur zurückfällt, oder aber dieser nicht mehr angehört, sondern – – –: für diesen Gegenstand fehlt uns Bild, Begriff und Wort, eben weil diese sämtlich aus der Objektivation des Willens genommen sind, daher dieser angehören, folglich das absolute Gegenteil desselben auf keine Weise ausdrücken können, welches demnach für uns als eine bloße Negation stehn bleibt. Inzwischen ist der Tod des Individuums die jedesmalige und unermüdlich wiederholte Anfrage der Natur an den

Willen zum Leben: „Hast du genug? Willst du aus mir hinaus?“ Damit sie oft genug geschehe, ist das individuelle Leben so kurz. In diesem Sinne gedacht sind die Zeremonien, Gebete und Ermahnungen der Brahmanen zur Zeit des Todes, wie man sie im Upanischad an mehreren Stellen aufbewahrt findet, und ebenso die christliche Fürsorge für gehörige Benutzung der Sterbestunde, mittelst Ermahnung, Beichte, Kommunion und letzte Ölung: daher auch die christlichen Gebete um Bewahrung vor einem plötzlichen Ende. Daß heutzutage viele gerade dieses sich wünschen, beweist eben nur, daß sie nicht mehr auf dem christlichen Standpunkt stehn, welcher der der Verneinung des Willens zum Leben ist, sondern auf dem der Bejahung, welcher der heidnische ist.

## *Unzerstörbarkeit ist nicht Fortdauer*

Wenn wir uns ein Wesen denken, welches alles erkennte, verstände und übersähe, so würde die Frage, ob wir nach dem Tode fortdauern, für dasselbe wahrscheinlich gar keinen Sinn haben, weil über unser jetziges zeitliches, individuelles Dasein hinaus Fortdauern und Aufhören keine Bedeutung mehr hätten und ununterscheidbare Begriffe wären; wonach auf unser eigentliches und wahres Wesen oder das in unserer Erscheinung sich darstellende Ding an sich weder der Begriff des Untergangs noch der der Fortdauer Anwendung fände, da diese aus der Zeit entlehnt sind, welche bloß die Form der Erscheinung ist. – Wir inzwischen können die *Unzerstörbarkeit* jenes Kerns unserer Erscheinung uns nur als eine Fortdauer desselben denken, und zwar eigentlich nach dem Schema der *Materie*, als welche, unter allen Veränderungen der Formen, in der Zeit beharrt. – Wird nun demselben diese Fortdauer abgesprochen, so sehn wir unser zeitliches Ende an als eine Vernichtung, nach dem Schema der Form, welche verschwindet, wenn ihr die sie tragende Materie entzogen wird. Beides ist jedoch eine μεταβασις εις αλλο γενος [„Überspringen auf ein anderes Gebiet", ein logischer Fehler], nämlich ein Übertragen der Formen der Erscheinung auf das Ding an sich. Von einer Unzerstörbarkeit aber, die keine Fortdauer wäre, können wir kaum uns auch nur einen abstrakten Begriff bilden, weil uns alle Anschauung, ihn zu belegen, mangelt.

## *Der Tod kein Ende*

Wie kann man nur beim Anblick des *Todes* eines Menschen vermeinen, hier werde ein Ding an sich selbst *zu nichts?* Daß vielmehr nur eine Erscheinung in der Zeit, dieser Form aller Erscheinungen, ihr Ende finde, ohne daß das Ding an sich selbst dadurch angefochten werde, ist eine unmittelbare, intuitive Erkenntnis jedes Menschen; daher man es zu allen Zeiten, in den verschiedensten Formen und Ausdrücken, die aber alle der Erscheinung entnommen, in ihrem eigentlichen Sinn sich nur auf diese beziehen, auszusprechen bemüht gewesen ist. Jeder fühlt, daß er etwas anderes ist als ein von einem andern einst aus Nichts geschaffenes Wesen. Daraus entsteht ihm die Zuversicht, daß der Tod wohl seinem Leben, jedoch nicht seinem Dasein ein Ende machen kann. Der Mensch ist etwas anderes als ein belebtes Nichts: – und das *Tier auch*. Wer da meint, sein Dasein sei auf sein jetziges Leben beschränkt, hält sich für ein belebtes Nichts: denn vor dreißig

Jahren war er nichts und über dreißig Jahre ist er wieder nichts.

Wie in unsern Träumen Verstorbene als Lebende auftreten, ohne daß ihres Todes auch nur gedacht werde: so wird, nachdem unser jetziger Lebenstraum durch einen Tod geendigt, alsbald ein neuer anheben, der nichts weiß von jenem Leben und jenem Tode.

## *Was wir durch den Tod gewinnen*

Für uns ist und bleibt der Tod ein *Negatives* – das Aufhören des Lebens, allein er muß auch eine positive Seite haben, die jedoch uns verdeckt bleibt, weil unser Intellekt durchaus unfähig ist, sie zu fassen. Daher erkennen wir wohl, was wir durch den Tod verlieren, aber nicht, was wir durch ihn gewinnen.

## *Trotz Zeit, Tod und Verwesung . . .*

Wie durch den Eintritt der Nacht die Welt verschwindet, dabei jedoch keinen Augenblick zu sein aufhört; ebenso scheinbar vergeht Mensch und Tier durch den Tod, und ebenso ungestört besteht dabei ihr wahres Wesen fort. Nun denke man sich jenen Wechsel von Tod und Geburt in unendlich schnellen Vibrationen, und man hat die beharrliche Objektivation des Willens, die bleibenden Ideen der Wesen vor sich, fest stehend, wie der Regenbogen auf dem Wasserfall. Dies ist die zeitliche Unsterblichkeit. Infolge derselben ist, trotz Jahrtausenden des Todes und der Verwesung, noch nichts verlorengegangen, kein Atom der Materie, noch weniger etwas von dem innern Wesen, welches als die Natur sich darstellt. Demnach können wir jeden Augenblick wohlgemut ausrufen: „Trotz Zeit, Tod und Verwesung sind wir noch alle beisammen."

## *Ein ungelöstes Problem?*

Das Leben kann ... angesehn werden als ein Traum und der Tod als das Erwachen. Dann aber gehört die Persönlichkeit, das Individuum, dem träumenden und nicht dem wachen Bewußtsein an; weshalb denn jenem der Tod sich als Vernichtung darstellt. Jedenfalls jedoch ist er, von diesem Gesichtspunkt aus, nicht zu betrachten als der Übergang zu einem uns ganz neuen und fremden Zustande, vielmehr nur als der Rücktritt zu dem uns ursprünglich eigenen, als von welchem das Leben nur eine kurze Episode war.

Wenn inzwischen ein Philosoph etwa vermeinen sollte, er würde im Sterben einen ihm allein eigenen Trost, jedenfalls eine Diversion, darin finden, daß dann ihm ein Problem sich löste, welches ihn so häufig beschäftigt hat, so wird es ihm vermutlich gehn wie einem, dem, als er eben das Gesuchte zu finden im Begriff ist, die Laterne ausgeblasen wird.

Denn im Tode geht allerdings das Bewußtsein unter; hingegen keineswegs das, was bis dahin dasselbe hervorgebracht hatte. Das Bewußtsein nämlich beruht zunächst auf dem Intellekt; dieser aber auf einem physiologischen Prozeß. Denn er ist augenscheinlich die Funktion des Gehirns und daher bedingt durch das Zusammenwirken des Nerven- und Gefäßsystems; näher, durch das vom Herzen aus ernährte, belebte und fortwährend erschütterte Gehirn, durch dessen künstlichen und geheimnisvollen Bau, welchen die Anatomie beschreibt, aber die Physiologie nicht versteht, das Phänomen der objektiven Welt und das Getriebe unserer Gedanken zustande kommt . . . Der Zustand hingegen, in welchen uns der Tod zurück versetzt, ist unser ursprünglicher, d. h. ist der selbsteigene Zustand des Wesens, dessen Urkraft in der Hervorbringung und Unterhaltung des jetzt aufhörenden Lebens sich darstellt. Es ist nämlich der Zustand des Dinges an sich, im Gegensatz der Erscheinung. In diesem Urzustande nun ist, ohne Zweifel, ein solcher Notbehelf wie das zerebrale, höchst mittelbare und eben deshalb bloße Erscheinungen liefernde Erkennen, durchaus überflüssig; daher wir es eben verlieren. Sein Wegfallen ist eins mit dem Aufhören der Erscheinungswelt für uns, deren bloßes Medium es war und zu nichts anderm dienen kann. Würde in diesem unserm Urzustande die Beibehaltung jenes animalen Bewußtseins uns sogar angeboten, so würden wir es von uns weisen wie der geheilte Lahme die Krücken.

Ein zu jeder Zeit und für jeden faßlicher Trost ist: „Der Tod ist so natürlich wie das Leben; und dann wollen wir weitersehn."

Wir schaudern vor dem Tode vielleicht hauptsächlich, weil er dasteht als die Finsternis, aus der wir einst hervorgetreten und in die wir nun zurück sollen. Aber ich glaube, daß, wann der Tod unsere Augen schließt, wir in einem Licht stehn, von welchem unser Sonnenlicht nur der Schatten ist.

Klopfte man an die Gräber und fragte die Toten, ob sie wieder aufstehn wollten; sie würden mit den Köpfen schütteln.

## XIII. VOM DENKEN UND VOM SCHREIBEN

### *Zweierlei Schriftsteller*

Zuvörderst gibt es zweierlei Schriftsteller: solche, die der Sache wegen, und solche, die des Schreibens wegen schreiben. Jene haben Gedanken gehabt oder Erfahrungen gemacht, die ihnen mitteilenswert scheinen; diese brauchen Geld, und deshalb schreiben sie, für Geld. Sie denken zum Behuf des Schreibens. Man erkennt sie daran, daß sie ihre Gedanken möglichst lang ausspinnen und auch halbwahre, schiefe, forcierte und schwankende Gedanken ausführen, auch meistens das Helldunkel lieben, um zu scheinen, was sie nicht sind; weshalb ihrem Schreiben Bestimmtheit und volle Deutlichkeit abgeht. Man kann daher bald merken, daß sie, um Papier zu füllen, schreiben: bei unsern besten Schriftstellern kann man es mitunter erleben: z. B. stellenweise in Lessings Dramaturgie und sogar in manchen Romanen Jean Pauls. Sobald man es merkt, soll man das Buch wegwerfen: denn die Zeit ist edel. Im Grunde aber betrügt der Autor den Leser, sobald er schreibt, um Papier zu füllen: denn sein Vorgeben ist, zu schreiben, weil er etwas mitzuteilen hat. – Honorar und Verbot des Nachdrucks sind im Grunde der Verderb der Literatur. Schreibenswertes schreibt nur, wer ganz allein der Sache wegen schreibt. Welch ein unschätzbarer Gewinn würde es sein, wenn, in allen Fächern einer Literatur, nur wenige, aber vortreffliche Bücher existierten Dahin aber kann es nie kommen, solange Honorar zu verdienen ist. Denn es ist, als ob ein Fluch auf dem Gelde läge: jeder Schriftsteller wird schlecht, sobald er irgend des Gewinnes wegen schreibt. Die vortrefflichsten Werke der großen Männer sind alle aus der Zeit, als sie noch umsonst oder für ein sehr geringes Honorar schreiben mußten. Also auch hier bewährt sich das spanische Sprichwort: honra y provecho no caben en un saco. (Ehre und Geld gehn nicht in denselben Sack.) – Der ganze Jammer der heutigen Literatur in und außer Deutschland hat zur Wurzel das Geldverdienen durch Bücherschreiben. Jeder, der Geld braucht, setzt sich hin und schreibt ein Buch, und das Publikum ist so dumm, es zu kaufen. Die sekundäre Folge davon ist der Verderb der Sprache.

Eine große Menge schlechter Schriftsteller lebt allein von der Narrheit des Publikums, nichts lesen zu wollen, als was heute gedruckt ist: – die Journalisten. Treffend benannt! Verdeutscht würde es heißen „Tagelöhner".

## *Dreierlei Autoren*

Wiederum kann man sagen, es gebe dreierlei Autoren: erstlich solche, welche schreiben, ohne zu denken. Sie schreiben aus dem Gedächtnis, aus Reminiscenzen oder gar unmittelbar aus fremden Büchern. Diese Klasse ist die zahlreichste. – Zweitens solche, die während des Schreibens denken. Sie denken, um zu schreiben. Sind sehr häufig. – Drittens solche, die gedacht haben, ehe sie ans Schreiben gingen. Sie schreiben bloß, weil sie gedacht haben. Sind selten.

Jener Schriftsteller der zweiten Art, der das Denken bis zum Schreiben aufschiebt, ist dem Jäger zu vergleichen, der aufs Geratewohl ausgeht: er wird schwerlich sehr viel nach Hause bringen. Hingegen wird das Schreiben des Schriftstellers der dritten, seltenen Art, einer Treibjagd gleichen, als zu welcher das Wild zum voraus eingefangen und eingepfercht worden, um nachher haufenweise aus solchem Behältnisse herauszuströmen in einen andern ebenfalls umzäunten Raum, wo es dem Jäger nicht entgehn kann; so daß er jetzt bloß mit dem Zielen und Schießen (der Darstellung) zu tun hat. Dies ist die Jagd, welche etwas abwirft. –

Sogar nun aber unter der kleinen Anzahl von Schriftstellern, die wirklich, ernstlich und zum voraus denken, sind wieder nur äußerst wenige, welche über *die Dinge selbst* denken: die übrigen denken bloß über *Bücher*, über das von andern Gesagte. Sie bedürfen nämlich, um zu denken, der nähern und stärkern Anregung durch fremde, gegebene Gedanken. Diese werden nun ihr nächstes Thema; daher sie stets unter dem Einflusse derselben bleiben, folglich nie eigentliche Originalität erlangen. Jene ersteren hingegen werden durch die Dinge selbst zum Denken angeregt; daher ihr Denken unmittelbar auf diese gerichtet ist. Unter ihnen allein sind die zu finden, welche bleiben und unsterblich werden. – Es versteht sich, daß hier von hohen Fächern die Rede ist, nicht von Schriftstellern über das Branntweinbrennen.

Nur wer bei dem, was er schreibt, den Stoff unmittelbar aus seinem eigenen Kopfe nimmt, ist wert, daß man ihn lese. Aber Büchermacher, Kompendienschreiber, gewöhnliche Historiker u. a. m. nehmen den Stoff unmittelbar aus den Büchern: aus diesen geht er in die Finger, ohne im Kopf auch nur Transitozoll und Visitation, geschweige Bearbeitung, erlitten zu haben. (Wie gelehrt wäre nicht mancher, wenn er alles das wüßte, was in seinen eigenen Büchern steht!) Daher hat ihr Gerede oft so unbestimmten Sinn, daß man vergeblich sich den

Kopf zerbricht, herauszubringen, *was* sie denn am Ende denken. Sie denken eben gar nicht. Das Buch, aus dem sie abschreiben, ist bisweilen ebenso verfaßt: also ist es mit dieser Schriftstellerei, wie mit Gipsabdrücken von Abdrücken von Abdrücken usf., wobei am Ende der Antinous zum kaum kenntlichen Umriß eines Gesichtes wird. Daher sollte man Kompilatoren möglichst selten lesen: denn es ganz zu vermeiden ist schwer; indem sogar die Kompendien, welche das im Laufe vieler Jahrhunderte zusammengebrachte Wissen im engen Raum enthalten, zu den Kompilationen gehören.

Kein größerer Irrtum, als zu glauben, daß das zuletzt gesprochene Wort stets das richtigere, jedes später Geschriebene eine Verbesserung des früher Geschriebenen und jede Veränderung ein Fortschritt sei. Die denkenden Köpfe, die Menschen von richtigem Urteil und die Leute, denen es Ernst mit der Sache ist, sind alle nur Ausnahmen; die Regel ist überall in der Welt das Geschmeiß: und dieses ist stets bei der Hand und emsig bemüht, das von jenen, nach reiflicher Überlegung Gesagte auf seine Weise zu verschlimmbessern. Daher hüte sich, wer über einen Gegenstand sich belehren will, sogleich nur nach den neuesten Büchern darüber zu greifen, in der Voraussetzung, daß die Wissenschaften immer fortschreiten und daß bei Abfassung dieser die ältern benutzt worden seien. Das sind sie wohl; aber wie? Der Schreiber versteht oft die ältern nicht gründlich, will dabei doch nicht geradezu ihre Worte gebrauchen, verballhornt und verhunzt daher das von ihnen sehr viel besser und deutlicher Gesagte; da sie aus eigener und lebendiger Sachkenntnis geschrieben haben. Oft läßt er das Beste, was sie herausgebracht haben, ihre treffendsten Erklärungen der Sache, ihre glücklichsten Bemerkungen, wieder fallen; weil er deren Wert nicht erkennt, das Prägnante derselben nicht fühlt. Ihm ist nur das Platte und Seichte homogen. – Schon oft ist ein älteres, vortreffliches Buch durch neuere, schlechtere, des Geldes wegen abgefaßte, aber prätentiös auftretende und durch die Kameraden angepriesene verdrängt worden. In den Wissenschaften will jeder, um sich geltend zu machen, etwas Neues zu Markte bringen: dies besteht oft bloß darin, daß er das bisher geltende Richtige umstößt, um seine Flausen an die Stelle zu setzen: bisweilen gelingt es auf kurze Zeit, und dann kehrt man zum alten Richtigen zurück. Jenen Neuerern ist es mit nichts in der Welt Ernst als mit ihrer werten Person: diese wollen sie geltend machen. Nun soll es schnell durch ein Paradoxon geschehn: die Sterilität ihrer Köpfe empfiehlt ihnen den Weg der Negation: nun werden längst erkannte Wahrheiten geleugnet, z. B. die Lebenskraft, das sympathische Nervensystem, die generatio aequivoca, Bichats Trennung der Wirkung der Leidenschaften von der der Intelligenz; es wird zum krassen Atomismus zurückgekehrt usw. usw. Daher ist oft *der Gang der Wissenschaften ein retrograder.* – Hieher gehören auch die Übersetzer, welche ihren Autor zugleich berichtigen und bearbeiten; welches mir stets impertinent vorkommt. Schreibe du selbst Bücher, welche des Übersetzens wert sind und laß anderer Werke, wie sie sind. – Man lese also, wo möglich, die eigentlichen Urheber, Begründer und Erfinder der Sachen oder wenigstens die anerkannten großen Meister des Fachs und kaufe lieber die *Bücher* aus zweiter Hand als ihren Inhalt. Weil aber freilich inventis aliquid addere facile est [es leicht ist, zu dem Erfundenen etwas hinzuzufügen], so wird man, nach wohlgelegtem

Grunde, mit den neueren Zutaten sich bekannt zu machen haben. Im ganzen also gilt hier wie überall diese Regel: das Neue ist selten das Gute; weil das Gute nur kurze Zeit das Neue ist.

## *Buchtitel*

Was einem Briefe die Aufschrift, das soll einem Buche sein *Titel* sein, also zunächst den Zweck haben, dasselbe dem Teil des Publikums zuzuführen, welchem sein Inhalt interessant sein kann. Daher soll der Titel bezeichnend, und da er wesentlich kurz ist, konzis, lakonisch, prägnant und wo möglich ein Monogramm des Inhalts sein. Schlecht sind demnach die weitschweifigen, die nichtssagenden, die schielenden, zweideutigen oder gar falschen und irreführenden Titel, welche letztere ihrem Buche das Schicksal der falsch überschriebenen Briefe bereiten können. Die schlechtesten aber sind die gestohlenen Titel, d. h. solche, die schon ein anderes Buch führt: denn sie sind erstlich ein Plagiat und zweitens der bündigste Beweis des allertotalsten Mangels an Originalität: denn wer deren nicht genug hat, seinem Buch einen neuen Titel zu ersinnen, wird noch viel weniger ihm einen neuen Inhalt zu geben fähig sein. Diesen verwandt sind die nachgeahmten, d. h. halbgestohlenen Titel, z. B. wenn lange nachdem ich „Über den Willen in der Natur" geschrieben habe, Oersted „Über den Geist in der Natur" schreibt.

## *Stoff und Form*

Ein Buch kann nie mehr sein als der Abdruck der Gedanken des Verfassers. Der Wert dieser Gedanken liegt entweder im *Stoff*, also in dem, *worüber* er gedacht hat: oder in der *Form*, d. h. der Bearbeitung des Stoffes, also in dem, *was* er darüber gedacht hat.

Das Worüber ist gar mannigfaltig, und ebenso die Vorzüge, welche es den Büchern erteilt. Aller empirische Stoff, also alles historisch oder physisch Tatsächliche, an sich selbst und im weitesten Sinne genommen, gehört hieher. Das Eigentümliche liegt dabei im *Objekt;* daher das Buch wichtig sein kann, wer auch immer der Verfasser sei.

Beim Was hingegen liegt das Eigentümliche im *Subjekt.* Die Gegenstände können solche sein, welche allen Menschen zugänglich und bekannt sind: aber die Form der Auffassung, das Was des Denkens, erteilt hier den Wert und liegt im Subjekt. Ist daher ein Buch von dieser Seite vortrefflich und ohnegleichen, so ist es sein Verfasser auch. Hieraus folgt, daß das Verdienst eines lesenswerten Schriftstellers um so größer ist, je weniger es dem Stoffe verdankt, mithin sogar, je bekannter und abgenutzter dieser ist. So z. B. haben die drei großen griechischen Tragiker sämtlich denselben Stoff bearbeitet.

Also soll man, wenn ein Buch berühmt ist, wohl unterscheiden, ob wegen des Stoffs oder wegen der Form.

Ganz gewöhnliche und platte Menschen können, vermöge des *Stoffs,* sehr wichtige Bücher liefern, indem derselbe gerade nur ihnen zugänglich war: z. B. Beschreibungen ferner Länder, seltener Naturerscheinungen, angestellter Versuche, Geschichte, deren Zeuge sie gewesen oder deren Quellen aufzusuchen und speziell zu studieren sie Mühe und Zeit verwendet haben.

Hingegen wo es auf die *Form* ankommt, indem der Stoff jedem zugänglich oder gar schon bekannt ist; wo also nur das Was des Denkens über denselben der Leistung Wert geben kann; da vermag nur der eminente Kopf etwas Lesenswertes zu liefern. Denn die übrigen werden allemal nur das denken, was jeder andere auch denken kann. Sie geben den Abdruck ihres Geistes: aber von dem besitzt jeder schon selbst das Original.

Das Publikum jedoch wendet seine Teilnahme sehr viel mehr dem Stoff als der Form zu und bleibt eben dadurch in seiner höheren Bildung zurück. Am lächerlichsten legt es diesen Hang bei Dichterwerken an den Tag, indem es sorgfältig den realen Begebenheiten oder den persönlichen Umständen des Dichters, welche ihnen zum Anlaß gedient haben, nachspürt: ja, diese werden ihm zuletzt interessanter als die Werke selbst, und es liest mehr *über* als *von* Goethe und studiert fleißiger die Faustsage als den Faust, und wenn schon Bürger sagt: „sie werden gelehrte Untersuchungen anstellen darüber, wer die Lenore eigentlich gewesen"; so sehn wir dies an *Goethe* buchstäblich in Erfüllung gehn, da wir schon viel gelehrte Untersuchungen über den Faust und die Faustsage haben. Sie sind und bleiben stoffartig. – Diese Vorliebe für den Stoff im Gegensatz der Form ist wie wenn einer die Form und Malerei einer schönen hetrurischen Vase unbeachtet ließe, um den Ton und die Farben derselben chemisch zu untersuchen.

Das diesem schlechten Hange frönende Unternehmen, durch den *Stoff* zu wirken, wird absolut verwerflich in Fächern, wo das Verdienst ausdrücklich in der *Form* liegen soll – also in den poetischen. Dennoch sieht man häufig schlechte dramatische Schriftsteller bestrebt, mittels des Stoffes das Theater zu füllen: z. B. bringen sie jeden irgend berühmten Mann, so nackt an dramatischen Vorgängen sein Leben auch gewesen sein mag, auf die Bühne, ja, bisweilen ohne auch nur abzuwarten, daß die mit ihm auftretenden Personen gestorben seien.

Der hier in Rede stehende Unterschied zwischen Stoff und Form behauptet sogar hinsichtlich der Konversation sein Recht. Zu dieser nämlich befähigt einen Mann zunächst Verstand, Urteil, Witz und Lebhaftigkeit, als welche der Konversation die *Form* geben. Sodann aber wird bald der *Stoff* derselben in Betrachtung kommen, also das, worüber man mit dem Manne reden kann, seine Kenntnisse. Sind diese sehr gering, so kann nur ein ganz ungemein hoher Grad der obigen formellen Eigenschaften seiner Konversation Wert erteilen, indem diese alsdann hinsichtlich ihres Stoffes auf die allgemein bekannten menschlichen und natürlichen Verhältnisse und Dinge verwiesen ist. Umgekehrt steht es, wenn diese formellen Eigenschaften einem Manne fehlen, hingegen seine Kenntnisse irgendeiner Art seiner Konversation Wert erteilen, der aber alsdann gänzlich auf ihren Stoff beruht, gemäß dem spanischen Sprichwort: mas sabe el necio en su casa, que el sabio en la agena. [In seinem Hause weiß der Narr besser Bescheid als der Weise in einem fremden.]

### *Der Grenzpunkt der Worte*

Das eigentliche Leben eines Gedankens dauert nur, bis er an den Grenzpunkt der Worte angelangt ist: da petrifiziert [versteinert] er, ist fortan tot, aber unverwüstlich, gleich den versteinerten Tieren und Pflanzen der Vorwelt. Auch dem des Kristalls, im Augenblick des Anschießens, kann man sein momentanes eigentliches Leben vergleichen.

Sobald nämlich unser Denken Worte gefunden hat, ist es schon nicht mehr innig, noch im tiefsten Grunde ernst. Wo es anfängt für andere dazusein, hört es auf, in uns zu leben; wie das Kind sich von der Mutter ablöst, wann es ins eigene Dasein tritt. Sagt doch auch der Dichter:

„Ihr müßt mich nicht durch Widerspruch verwirren!
Sobald man spricht, beginnt man schon zu irren."

Die Feder ist dem Denken was der Stock dem Gehn: aber der leichteste Gang ist ohne Stock und das vollkommenste Denken geht ohne Feder vor sich. Erst wenn man anfängt alt zu werden, bedient man sich gern des Stockes und gern der Feder.

Eine *Hypothese* führt in dem Kopfe, in welchem sie einmal Platz gewonnen hat oder gar geboren ist, ein Leben, welches insofern dem eines Organismus gleicht, als sie von der Außenwelt nur das ihr Gedeihliche und Homogene aufnimmt, hingegen das ihr Heterogene und Verderbliche entweder gar nicht an sich kommen läßt, oder, wenn es ihr unvermeidlich zugeführt wird, es ganz unversehrt wieder exzerniert [ausscheidet].

## *Unsterbliche Werke*

Um *unsterblich* zu sein, muß ein Werk so viele Trefflichkeiten haben, daß nicht leicht sich einer findet, der sie *alle* faßt und schätzt; jedoch allezeit *diese* Trefflichkeit von diesem, *jene* von jenem erkannt und verehrt wird; wodurch der Kredit des Werkes, den langen Lauf der Jahrhunderte hindurch und bei stets wechselndem Interesse, sich doch erhält, indem es bald in *diesem*, bald in *jenem* Sinne verehrt und nie erschöpft wird. – Der Urheber eines solchen aber, also der, welcher auf ein Bleiben und Leben noch bei der Nachwelt Anspruch hat, kann nur ein Mensch sein, der nicht bloß unter seinen Zeitgenossen auf der weiten Erde seinesgleichen vergeblich sucht und von jedem andern durch eine sehr merkliche Verschiedenheit augenfällig absticht; sondern der, wenn er sogar, wie der ewige Jude, mehrere Generationen durchwanderte, sich dennoch im selben Falle befinden würde; kurz, einer, von dem das Ariostische lo fece natura, e poi ruppe lo stampo [Natur hat ihn geprägt und dann die Form zerbrochen] wirklich gilt. Denn sonst wäre nicht einzusehn, warum seine Gedanken nicht untergehn sollten wie alle andern.

## *Falsche Ansichten*

Zu fast jeder Zeit ist, wie in der Kunst, so auch in der Literatur, irgendeine falsche Grundansicht oder Weise oder Manier im Schwange und wird bewundert. Die gemeinen Köpfe sind eifrig bemüht, solche sich anzueignen und sie zu üben. Der Einsichtige erkennt und verschmäht sie: er bleibt außer der Mode. Aber nach einigen Jahren kommt auch das

Publikum dahinter und erkennt die Faxe für das, was sie ist, verlacht sie jetzt, und die bewunderte Schminke aller jener manierierten Werke fällt ab wie eine schlechte Gipsverzierung von der damit bekleideten Mauer: und wie diese stehn sie alsdann da. Nicht ärgern also, sondern freuen soll man sich, wenn irgendeine schon lange im stillen wirkende falsche Grundansicht einmal entschieden, laut und deutlich ausgesprochen wird: denn nunmehr wird das Falsche derselben bald gefühlt, erkannt und endlich ebenfalls ausgesprochen werden. Es ist damit, wie wenn ein Abszeß aufgeht.

## *Stil*

Der Stil ist die Physiognomie des Geistes. Sie ist untrüglicher als die des Leibes. Fremden Stil nachahmen heißt eine Maske tragen. Wäre diese auch noch so schön, so wird sie, durch das Leblose, bald insipid und unerträglich; so daß selbst das häßlichste lebendige Gesicht besser ist. Darum gleichen denn auch die lateinisch schreibenden Schriftsteller, welche den Stil der Alten nachahmen, doch eigentlich den Masken: man hört nämlich wohl, was sie sagen; aber man sieht nicht auch dazu ihre Physiognomie, den Stil. Wohl aber sieht man auch diese in den lateinischen Schriften der *Selbstdenker*, als welche sich zu jener Nachahmung nicht bequemt haben, wie z. B. Scotus Erigena, Petrarca, Baco, Cartesius, Spinoza, Hobbes u. a. m.

Affektation im Stil ist dem Gesichterschneiden zu vergleichen. – Die Sprache, in welcher man schreibt, ist die Nationalphysiognomie: sie stellt große Unterschiede fest – von der griechischen bis zur karibischen. – – – –

Stilfehler soll man in fremden Schriften entdekken, um sie in den eigenen zu vermeiden.

Um über den Wert der Geistesprodukte eines Schriftstellers eine vorläufige Schätzung anzustellen, ist es nicht gerade notwendig zu wissen, *worüber* oder *was* er gedacht habe; dazu wäre erfordert, daß man alle seine Werke durchläse – sondern zunächst ist es hinreichend, zu wissen, *wie* er gedacht habe. Von diesem *Wie* des Denkens nun, von dieser wesentlichen Beschaffenheit und durchgängigen *Qualität* desselben, ist ein genauer Abdruck sein *Stil.* Dieser zeigt nämlich die *formelle* Beschaffenheit aller Gedanken eines Menschen, welche sich stets gleichbleiben muß; *was* und *worüber* er auch denken möge. Man hat daran gleichsam den Teig, aus dem er alle seine Gestalten knetet, so verschieden sie auch sein mögen. Wie daher Eulenspiegel dem Fragenden, wie lange er bis zum nächsten Orte noch zu gehn habe, die scheinbar ungereimte Antwort gab „Gehe!", in der Absicht, erst aus seinem Gange zu ermessen, wie weit er, in einer gegebenen Zeit, kommen würde; so lese ich aus einem Autor ein paar Seiten und weiß dann schon ungefähr, wie weit er mich fördern kann.

Im stillen Bewußtsein dieses Bewandtnisses der Sache sucht jeder Mediokre seinen, ihm eigenen und natürlichen Stil zu maskieren. Dies nötigt ihn zunächst, auf alle *Naivität* zu verzichten; wodurch diese das Vorrecht der überlegenen und sich selbst fühlenden, daher mit Sicherheit auftretenden Geister bleibt. Jene Alltagsköpfe nämlich können schlechterdings sich nicht entschließen, zu schreiben, wie sie denken; weil ihnen ahndet, daß alsdann das Ding ein gar einfältiges Ansehn erhalten könnte. Es wäre aber immer doch etwas. Wenn sie also nur ehrlich zu Werke gehn und das Wenige und Gewöhnliche, was sie wirklich gedacht haben, so wie sie es gedacht haben, einfach mitteilen wollten; so würden sie lesbar und sogar, in der ihnen angemessenen Sphäre, belehrend sein. Allein statt dessen streben sie nach dem Schein, viel mehr und tiefer gedacht zu haben, als der Fall ist. Sie bringen demnach, was sie zu sagen haben, in gezwungenen, schwierigen Wendungen, neu geschaffenen Wörtern und weitläuftigen, um den Gedanken herumgehenden und ihn verhüllenden Perioden vor. Sie schwanken zwischen dem Bestreben, denselben mitzuteilen, und dem, ihn zu verstecken. Sie möchten ihn so aufstutzen, daß er ein gelehrtes oder tiefsinniges Ansehn erhielte, damit man denke, es stecke viel mehr dahinter, als man zur Zeit gewahr wird. Demnach werfen sie ihn bald stückweise hin, in kurzen, vieldeutigen und paradoxen Aussprüchen, die viel mehr anzudeuten scheinen, als sie besagen (herrliche Beispiele dieser Art liefern Schellings naturphilosophische Schriften); bald wieder bringen sie ihren Gedanken unter einem Schwall von Worten vor, mit der unerträglichsten Weitschweifigkeit, als brauchte es wunder welche Anstalten, den tiefen Sinn desselben verständlich zu machen – während es ein ganz simpler Einfall, wo nicht gar eine Trivialität ist (Fichte, in seinen populären Schriften, und hundert elende nicht nennenswerte Strohköpfe, in ihren philosophischen Lehrbüchern, liefern Beispiele in Fülle); oder aber sie befleißigen sich irgendeiner beliebig angenommenen, vornehm sein sollenden Schreibart, z. B. einer so recht κατ' εξοχην [schlechthin] gründlichen und wissenschaftlichen, wo man dann von der narkotischen Wirkung lang gesponnener, gedankenleerer Perioden zu Tode gemartert wird (Beispiele hievon geben besonders jene unverschämtesten aller Sterblichen, die Hegelianer, in der Hegelzeitung, vulgo Jahrbücher der wissenschaftlichen Literatur); oder gar sie haben es auf eine geistreiche Schreibart abgesehn, wo sie dann verrückt werden zu wollen scheinen, u. dgl. m. Alle solche Bemühungen, durch welche sie das nascetur ridiculus mus [Es wird eine lächerliche Maus geboren] hinauszuschieben suchen, machen es oft schwer, aus ihren Sachen herauszubringen, was sie denn eigentlich wollen. Zudem aber schreiben sie auch Worte, ja, ganze Perioden hin, bei denen sie selbst nichts denken, jedoch hoffen, daß ein anderer etwas dabei denken werde. Allen solchen Anstrengungen liegt nichts anderes zugrunde, als das unermüdliche, stets auf neuen Wegen sich versuchende Bestreben, Worte für Gedanken zu verkaufen, und mittels neuer oder in neuem Sinne gebrauchter Ausdrücke, Wendungen und Zusammensetzungen jeder Art den Schein des Geistes hervorzubringen, um den so schmerzlich gefühlten Mangel desselben zu ersetzen. Belustigend ist es zu sehn, wie zu diesem Zwecke bald diese bald jene Manier versucht wird, um sie als eine den Geist vorstellende Maske vorzunehmen, welche dann auch wohl auf eine Weile die Unerfahrenen täuscht, bis auch sie eben als tote Maske erkannt, verlacht und dann gegen eine andere vertauscht wird. Da sieht man die Schriftsteller bald dithyrambisch, wie besoffen, und bald, ja schon auf der nächsten Seite, hochtrabend, ernst, gründlich-gelehrt bis zur schwerfälligsten, kleinkauendesten Weitschweifigkeit, gleich der des weiland Christian Wolff, wiewohl im modernen Gewande. Am längsten aber hält die Maske der Unverständlichkeit vor, jedoch nur in Deutschland, als wo sie, von *Fichte* eingeführt, von *Schelling* vervollkommnet, endlich in *Hegel* ihren höchsten Klimax erreicht hat: stets mit glücklichstem Erfolge. Und doch ist nichts leichter, als so zu schreiben, daß kein Mensch es versteht; wie hingegen nichts schwerer, als bedeutende Gedanken so auszudrücken, daß jeder sie verstehn muß.

## XIV. ÜBER SICH SELBST

### *Das Werk des Teufels*

In meinem 17ten Jahre, ohne alle gelehrte Schulbildung, wurde ich vom *Jammer des Lebens* so ergriffen wie Buddha in seiner Jugend, als er Krankheit, Alter, Schmerz und Tod erblickte. Die Wahrheit, welche laut und deutlich aus der Welt sprach, überwand bald die auch mir eingeprägten jüdischen Dogmen, und mein Resultat war, daß diese Welt kein Werk eines allgütigen Wesens sein könnte, wohl aber das eines Teufels, der Geschöpfe ins Dasein gerufen, um am Anblick ihrer Qual sich zu weiden: darauf deuteten die Data, und der Glaube, daß es so sei, gewann die Oberhand. – Allerdings spricht aus dem menschlichen Dasein die *Bestimmung des Leidens:* es ist tief ins Leiden eingesenkt, entgeht ihm nicht, sein Fortgang und Ausgang ist durchweg tragisch: eine gewisse Absichtlichkeit hierin ist nicht zu verkennen. Nun ist ja aber das Leiden der δευτερος πλους [Deuteros plūs, der zweite Weg], das Surrogat der Tugend und Heiligkeit; durch selbiges geläutert, gelangen wir zuletzt zur Verneinung des Willens zum Leben, zur Rückkehr vom Irrweg, zur Erlösung: daher eben hat jene geheime Macht, die unser Schicksal leitet, im

Volksglauben mythisch als Vorsehung personifiziert, es allerdings darauf abgesehn, uns Leiden auf Leiden zu bereiten, weshalb meinem ganz einseitigen, aber so weit er sah richtigen Blick in der Jugend, die Welt sich als ein Werk des Teufels darstellte. An sich aber ist diese geheime Macht und Allmacht unser eigener Wille, auf einem Standpunkt, der nicht ins Bewußtsein fällt: wie ich ausführlich auseinandergesetzt habe: und das Leiden ist allerdings zunächst Zweck des Lebens, gleich als ob es das Werk eines Teufels wäre, dieser Zweck aber ist nicht der letzte, er ist selbst Mittel, ist Gnadenmittel, ist als solches von uns selbst, wie gesagt, angeordnet zu unserm wahren und letzten Besten.

## *Zuschauer und Zeuge*

Was mir die Echtheit und daher die Unvergänglichkeit meiner Philosopheme verbürgt, ist, daß ich sie gar nicht gemacht habe; sondern sie haben sich selbst gemacht. Sie sind in mir entstanden ganz ohne mein Zutun, in Momenten, wo alles Wollen in mir gleichsam tief eingeschlafen war, und der Intellekt nun völlig herrenlos und dadurch müßig tätig war, die Anschauung der wirklichen Welt auffaßte und sie mit dem Denken parallelisierte, beide gleichsam spielend aneinander haltend, ohne daß mein Wille irgendwie der Sache auch nur vorstand, sondern alles sich völlig ohne mein Zutun, ganz von selbst machte. Mit dem *Wollen* ist auch alle *Individualität* verschwunden und aufgehoben: daher war mein Individuum hier nicht im Spiel, sondern es war die Anschauung selbst, rein und für sich, d. h. die rein objektive Anschauung oder die objektive Welt selbst, die sich in den Begriff rein und für sich absetzte. Beide hatten meinen Kopf zum Tummelplatz dieser Operation gewählt, weil er dazu tauglich war. Was nicht vom Individuo ausgegangen, ist auch nicht dem Individuo allein eigen: es gehört der bloß erkennbaren und bloß erkennenden Welt an, bloß dem Intellekt und der ist, der Beschaffenheit (nicht dem Grade) nach, in allen Individuen derselbe; solches muß also einst die Einstimmung aller Individuen erhalten. –

Nur was in solchen Momenten ganz willensreiner Erkenntnis in mir sich darstellte, habe ich als bloßer Zuschauer und Zeuge aufgeschrieben und zu meinem Werke benutzt. Das verbürgt dessen Echtheit und läßt mich nicht irre werden beim Mangel alles Anteils und aller Anerkennung.

## *Der Kniff des Genies*

Schon vor vielen Jahren habe ich aufgeschrieben, daß dem Treiben jedes *Genies* ein angeborener Kunstgriff, man möchte sagen *ein Kniff* zugrunde liegt, der die geheime Springfeder aller seiner Werke ist und dessen Ausdruck man auf seinem Gesichte erblickt.

*Mein* Kniff ist, das lebhafteste Anschauen oder das tiefste Empfinden, wann die gute Stunde es herbeigeführt hat, plötzlich und im selben Moment mit der kältesten, abstrakten Reflexion zu übergießen und es dadurch erstarrt aufzubewahren. Also ein hoher Grad von Besonnenheit.

### *Wenig Kalk und Mörtel*

Meine Werke bestehn aus lauter Aufsätzen, wo *ein* Gedanke mich erfüllte und ich ihn seiner selbst wegen durch Aufschreiben fixieren wollte: – daraus sind sie zusammengesetzt, und wenig Kalk und Mörtel: darum sind sie nicht schal und langweilig, wie die der Leute, die sich hinsetzen und nun, nach einem gefaßten Plan, Seite nach Seite, ein Buch schreiben.

### *Ein bittersüßer Trank*

Mein Leben in der wirklichen Welt ist ein bittersüßer Trank. Es ist nämlich, wie mein Dasein überhaupt, ein stetes Erwerben von Erkenntnis, Gewinnen von Einsicht, das hier diese wirkliche Welt und mein Verhältnis zu ihr betrifft. Der Gehalt dieser Erkenntnis ist traurig und niederschlagend: aber die Form der Erkenntnis überhaupt, das Gewinnen an Einsicht, das Eindringen in die Wahrheit ist durchaus erfreulich und mischt fortwährend seine Süße in jene Bitterkeit, seltsamerweise.

### *Nur Memnons Säule klang*

Wie nach jeder bedeutenden Entdeckung die Verkleinerer dieselbe schon in alten Schriften vorfinden, so finden *Spuren meiner Lehre sich fast in allen Philosophien* aller Zeiten. Nicht bloß in den Vedas, dem Platon und Kant, der lebenden Materie des Bruno, des Glisson und Spinoza und den schlummernden Monaden Leibnizens, sondern durchaus in allen Philosophien, den ältesten und neuesten: aber immer in der mannigfaltigsten Einkleidung, Verwebung mit Absurditäten, die in die Augen fallen, und in den barockesten Gestalten, in denen man sie nur wiedererkennt, wenn man sie sucht. Es kommt mir grade so damit vor, wie man in allen Tieren den Typus des Menschen wiederfindet, aber sonderbar verunstaltet, unvollendet, bald verkümmert, bald monströs, bald als rohen Versuch, bald als Karikatur. Das Übermütige dieses Vergleichs ist nur ein Corollarium [Zusatz] des Übermuts, der überhaupt darin liegt, ein neues philosophisches System aufzustellen: denn eben dadurch erklärt man alle früheren Versuche für mißlungen, den seinigen aber für den gelungenen, und wer nicht so denkt und doch der Welt ein neues System anheften will, ist notwendig ein Scharlatan. Es ist bisher in der Philosophie gewesen wie in den Auktionen, wo jeder, der zuletzt gesprochen, eben damit alles früher Gesagte nichtsgeltend macht.

Ich gestehe übrigens, daß ich nicht glaube, daß meine Lehre je hätte entstehen können, ehe die Upanischaden, Plato und Kant ihre Strahlen zugleich in eines Menschen Geist werfen konnten. Aber freilich standen, wie Diderot sagt, viele Säulen da, und die Sonne schien auf alle: doch nur Memnons Säule klang (Rameaus Neffe).

### *Vorläufer?*

Fichte und Schelling stecken in mir, aber ich nicht in ihnen, d. h. das wenige Wahre, was in ihren Lehren liegt, ist in dem, was ich gesagt habe, mit enthalten.

Das wäre mein höchster Ruhm, wenn man einst von mir sagte, daß ich das Rätsel gelöst, welches Kant aufgegeben hatte.

Das Leben geht schnell und euer Verständnis ist langsam: – darum erlebe ich nicht meinen Ruhm und habe meinen Lohn dahin.

Mir ist unter den Menschen fast immer, wie dem Jesus von Nazareth war, als er die Jünger aufrief, die immer alle schliefen.

*Mein Zeitalter* ist nicht mein Wirkungskreis; sondern nur der Boden, auf dem meine physische Person steht, welche aber nur ein sehr unbedeutender Teil meiner ganzen Person ist: diesen Boden hat sie mit vielen gemein, deren Wirkungskreis er ist: diesen überlasse ich daher Sorge und Kampf um denselben.

Das Publikum der *Zeitgenossen* ist mir zu groß, wenn ich zu allen, zu klein, wenn ich zu denen reden soll, die mich fassen.

### *Mit Puppen reden*

Ich rede bisweilen mit Menschen so, wie das Kind mit seiner Puppe redet: es weiß zwar, daß die Puppe es nicht versteht; schafft sich aber, durch eine angenehme wissentliche Selbsttäuschung, die Freude der Mitteilung.

## *Bekannte und Fremde*

Mir werden und sind die nah Bekannten oft fremd und die Fremden oft vertraut, und ich rede zu ihnen allen dieselbe Sprache; während andere Leute hierin großen Unterschied machen: eigentlich, weil ich von allen so weit abstehe, daß mir der Unterschied des zufällig äußerlich Nahen oder Fernen verschwindet: wie die Stellung der Erde in ihrer Bahn, d. i. ihre Parallaxe, keine Änderung in der scheinbaren Stellung der Fixsterne verursacht.

Wenn ich doch nur die Illusion los werden könnte, das Kröten- und Otterngezücht für meinesgleichen anzusehn: da wäre mir viel geholfen.

## *Geschrieben 1832:*

Die gänzliche Nichtbeachtung, die mein Werk erfahren hat, beweist, daß entweder ich des Zeitalters nicht würdig war oder umgekehrt. In beiden Fällen heißt es jetzt: the rest is silence [Der Rest ist Schweigen].

## *Die Posaune des Ruhms*

Die Kälte und Nichtbeachtung, mit der man mich aufnahm, hätte mich vielleicht an allem, was ich je angestrebt, und an mir selber irre machen können: aber zum Glück hörte ich zugleich die Posaune des Ruhms das ganz Wertlose, das handgreiflich Schlechte, das Sinnleere als trefflich, ja als den Gipfel menschlicher Weisheit verkünden, und nun war ich sogleich orientiert und gänzlich beruhigt, indem jetzt an mir wahr wurde, was *Byron* (letters II, 260) sagt: as to success! those who succeed will console me for a failure. Also:

„Ich sah des Ruhmes heil'ge Kränze
Auf der gemeinen Stirn entweiht."

Mich haben die Unterrichtsministerien nicht brauchen können: und ich danke dem Himmel, daß ich kein solcher bin, den sie brauchen könnten. Sie können eigentlich nur solche brauchen, die sich brauchen lassen.

### *Traurig und trostlos?*

Man hat geklagt, daß meine Philosophie traurig und trostlos wäre: aber nichts ist so trostlos wie die Lehre, daß Himmel und Erde und konsekutiv der Mensch aus Nichts geschaffen seien, denn da folgt wie Nacht auf Tag, daß er zu Nichts wird, wenn er vor unsern Augen stirbt. Vielmehr ist der Anfang und Grund alles Tröstlichen die Lehre, daß der Mensch nicht aus Nichts geworden ist.

Daß in kurzem die Würmer meinen Leib zernagen werden, ist ein Gedanke, den ich ertragen kann – aber die Philosophie-Professoren meine Philosophie! – dabei schaudert's mich.

### *Die Menschheit hat manches von mir gelernt*

Als den eigentümlichen Charakter meines Philosophierens darf ich anführen, daß ich überall den Dingen auf den Grund zu kommen suche, indem ich nicht ablasse, sie bis auf das letzte, real Gegebene zu verfolgen. Dies geschieht vermöge eines natürlichen Hanges, der es mir fast unmöglich macht, mich bei irgend noch allgemeiner und abstrakter, daher noch unbestimmter Erkenntnis, bei bloßen Begriffen, geschweige bei Worten zu beruhigen, sondern mich weiter treibt, bis ich die letzte Grundlage aller Begriffe und Sätze, die allemal anschaulich ist, nackt vor mir habe, welche ich dann entweder als Urphänomen stehnlassen muß, womöglich aber sie noch in ihre Elemente auflöse, jedenfalls das Wesen der Sache bis aufs äußerste verfolgend. Dieserwegen wird man einst (natürlich nicht, solange ich lebe) erkennen, daß die Behandlung desselben Gegenstandes von irgendeinem früheren Philosophen gegen die meinige gehalten, flach erscheint. Daher hat die Menschheit manches, was sie nie vergessen wird, von mir gelernt und werden meine Schriften nicht untergehn. –

Von einem *Willen* läßt auch der Theismus die Welt ausgehn, von einem Willen die Planeten in ihren Bahnen geleitet und eine Natur auf ihrer Oberfläche hervorgerufen werden; nur daß er, kindischerweise, diesen Willen nach außen verlegt und ihn erst mittelbar, nämlich unter Dazwischentretung der Erkenntnis und der Materie, nach menschlicher Art, auf die Dinge einwirken läßt; während bei mir der Wille nicht sowohl auf die Dinge, als in ihnen wirkt, ja sie selbst gar nichts anderes als eben seine Sichtbarkeit sind. Man sieht jedoch an dieser Übereinstimmung, daß wir alle das Ursprüngliche nicht anders denn als einen *Willen* zu denken vermögen. Der *Pantheismus* nennt den in den Dingen wirkenden Willen einen Gott, wovon ich die Absurdität oft und stark genug gerügt habe: ich nenne ihn den Willen zum Leben, weil dies das letzte Erkennbare an ihm ausspricht.

Dies nämliche Verhältnis der Mittelbarkeit zur Unmittelbarkeit tritt abermals in der Moral ein. Die Theisten wollen eine Ausgleichung zwischen dem, was einer tut, und dem, was er leidet: ich auch. Sie aber nehmen solche erst mittels der Zeit und eines Richters und Vergelters an; ich hingegen unmittelbar, indem ich im Täter und im Dulder dasselbe Wesen nachweise. Die moralischen Resultate des Christentums, bis zur höchsten Askese, findet man bei mir rationell und im Zusammenhange der Dinge begründet, während sie es im Christentum durch bloße Fabeln sind. Der Glaube an diese schwindet täglich mehr; daher wird man sich zu meiner Philosophie wenden müssen. Die Pantheisten können keine ernstlich gemeinte Moral haben – da bei ihnen alles göttlich und vortrefflich ist. –

Ich habe viel Tadel darüber erfahren, daß ich philosophierend, mithin theoretisch, das Leben als jammervoll und keineswegs wünschenswert dargestellt habe: doch aber wird, wer praktisch die entschiedenste Geringschätzung desselben an den Tag legt, gelobt, ja bewundert; und wer um Erhaltung desselben sorgsam bemüht ist, wird verachtet.

## QUELLENNACHWEIS

Die Werke Schopenhauers sind nach Band (römische Ziffer) und Seite (arabische Ziffer) der Ausgabe Arthur Hübschers bei F. A. Brockhaus, Wiesbaden (2. Aufl. 1946–1950) zitiert; der Nachlaß nach dem XI. Band der Deussenschen Ausgabe „Die Genesis des Systems" (D XI, mit folgender arabischer Seitenzahl) oder, für den Nachlaß der späteren Jahre, nach der bei Philipp Reclam, Leipzig 1892, erschienenen Ausgabe von Eduard Grisebach: „Arthur Schopenhauer. Handschriftlicher Nachlaß" (GN IV, mit folgender arabischer Seitenzahl). Bei einzelnen aus einem eng gefügten Zusammenhang herausgelösten Stellen ist der Anfang, dem Sinn entsprechend, leicht geändert worden. Eine kritische Ausgabe des Nachlasses in 5 Bänden ist bei W. Kramer, Frankfurt a. M. im Erscheinen begriffen.

### *I. Was ist Philosophie?*

Zwei Erfordernisse: VI, 4 – Die philosophische Unruhe: III, 189 – Das Problem der Philosophie: II, 97; III, 209 – Philosophie und Kunst: III, 463; VI, 9; D XI, 392 – Die Devise der Geschichte: II, 507 f. – Die Stücke wechseln, die Spieler bleiben: VI, 293 f. – Das Eichhörnchen im Rade: II, 321 f. – Ein langer schwerer Traum: III, 504 ff. – Das Wissen um den Tod: III, 176 f. – Der Anblick des Bösen: III, 190 – Das richtige Alphabet: III, 204 ff. – Der Horizont bleibt dunkel: III, 679.

### *II. Philosophen und Philosophieprofessoren*

Der Wille zur Wahrheit: V, 176 – Das Echte geht langsam: IV, 1, 8 – Belehrung kommt von den Selbstdenkern:

V, 162 f. – Die Irrtümer der Menschheit: II, 41 ff. – Seifenblasen: V, 174 f. – Ein Kaspar Hauser unter den Professoren: V, 143 f. – Für die Philosophie leben – von der Philosophie leben: V, 192 – Stallfütterung: V, 119; VI, 515.

### *III. Vorstellung und Wille*

Zwei Wahrheiten: II, 3 ff. – Das Subjekt: Träger der Welt: II, 5 f. – Den Eingang suchen: II, 118 – Das „Ding an sich“: V, 100 f. – Das Schlüsselwort Wille: II, 119 – Ding an sich = Wille: IV, 1, 2 f. – Spinoza und der Stein: II, 140 f. und 150 f. – „Geist und Natur“: VI, 110 ff.; II, 173 ff. – Der Wille: in jedem ganz und ungeteilt: II, 153 – Der Ruf „Ich will“: VI, 299 f. – Wille ist nicht Willkür: IV, 1, 21 – Das Radikal der Seele: IV, 1, 19 f. – Der Intellekt ist unvollkommen: III, 150 – Im Ungewissen vor der Geworfenheit des Lebens: VI, 58 – Der Intellekt – Diener des Willens: III, 238 f. – Dumm und schlecht: III, 259; III, 260 – Verschwundene Probleme: VI, 101 ff.

### *IV. Zwei geschliffene Gläser*

Zeit und Raum: III, 37 f. – Was ist die Zeit? II, 329 – Die Form des inneren Sinnes: VI, 43 f.; VI, 45; VI, 287 – Unter der Maske des Raumes: V, 517; VI, 47 – Am Leitfaden der Kausalität: I, 1, 45.

### *V. Der Stufenbau der Wirklichkeit*

Die Welt als Spiegel des Willens: II, 196 – Der Wille zum Leben: III, 399 f. – Die Einheit des Willensaktes: IV, 1, 56 f. – Organ und Umwelt: IV, 1, 36; II, 190; IV, 1, 41, 42, 45 f. – Die Objektivationen des Willens: II, 174 – 181 – Die niedrigste Stufe: die Naturkräfte:

II, 154 f. – Pflanze, Tier und Mensch: VI, 70 f. – Das Erkennen: Charakter der Freiheit: IV, 1, 69 – Vom Gattungscharakter zum Individualcharakter: II, 155 f. – Der Mensch ein animal metaphysicum: III, 175 f. – Keine Sicherheit für ihn: II, 368.

### *VI. Das Rad des Ixion steht still*

Frei vom Willensdrang: II, 230 ff. – Erkennen wird Selbstzweck: VI, 72 – Das intellektuelle Leben der Menschheit: VI, 79; II, 272 – Wissenschaften und Künste: II, 217 f. – Unnützsein: III, 444; III, 464; III, 463 – Ein Fall gilt für Tausende: VI, 448 – Aufgabe der Baukunst: II, 252 f. – Menschliche Schönheit: II, 260 f. – Höher steht die Dichtkunst: III, 484 – Der Dichter: der allgemeine Mensch: II, 293 f. – Lyrik – Epos – Drama: III, 493 f. – Dichtung und Philosophie – Jugend und Alter: III, 487 f. – Musik: die wahre allgemeine Sprache: VI, 457 f. – Musik: die mächtigste Kunst: III, 512 f.

### *VII. Die moralische Bedeutung der Welt*

VI, 214 f. – Tugend und Laster: II, 434 – Der Quäler und der Gequälte sind eins: II, 415 ff. – Ein Wesen in allen Individuen: GN IV, 409 – Neid oder Mitleid: VI, 217 f. – Das eigene und das fremde Schicksal: II, 443 – Das Mitleid: IV, 2, 207 ff.; IV, 2, 229 f. – Güte des Herzens: IV, 2, 253 – Eine Schönheit höherer Art: III, 261 ff.; IV, 236 – Zwei verschiedene Denkweisen: D XI, 26 f. – Der Wille wendet sich: II, 448 f. – Bild des Heiligen: VI, 338; II, 451, f. – Verneinung des Willens zum Leben: II, 461 f. – Die Meeresstille des Gemüts: II, 486 f.

### *VIII. Der menschliche Charakter*

Ein wildes Tier: VI, 225 ff. – Der Egoismus: IV, 2, 196 ff.; IV, 2, 163; VI, 246 – Erkenne dich selbst! II, 359 ff. – Der Charakter des Menschen ist individuell: IV, 2, 48; VI, 245 – Der Charakter des Menschen ist empirisch: IV, 2, 48 f. – Der Mensch ändert sich nie: IV, 2, 50 – Der Vorsatz, sich zu bessern: III, 251 – Charakter und Motive: VI, 246 – Kann ich tun, was ich will? IV, 2, 23 f. – Im Zwang der Motive: IV, 2, 41 ff. – Das Zufällige: IV, 2, 44 f. – Eintracht mit sich selbst: D XI, 111 f. – Herz und Kopf: III, 269 f. – Charaktereigenschaften: III, 261 – Wahre Größe: III, 439 ff.

### *IX. Fingerzeige*

Die Macht der Gewohnheit: VI, 618 f. – Abrichtungsfähigkeit: VI, 639 – Unentschlossenheit: VI, 627 f. – Wunsch und Reue: VI, 624 – Unangenehme Vorfälle: VI, 626 f. – Hoffnung: VI, 621 f. – Melancholie, Verdrießlichkeit, Hypochondrie: VI, 625 – Zorn: VI, 625 f. – Im Strom der Zeit: VI, 641 – Die Gegenwart: VI, 301 f.; V, 442; II, 328 f. – Das Unbekannte in uns: VI, 630 – Aberglaube: II, 380 f. – Das Gedächtnis: VI, 643 f. – Heiterkeit: V, 343 ff. – Allein lachen: VI, 647 – Der Blick der Entfremdung: VI, 629 f. – Wie sie den Menschen sehen: VI, 640 – Bescheidenheit und Selbstgefühl: VI, 638 f. – Weisheit: VI, 637.

### *X. Von der Nichtigkeit des Lebens*

Die Welt eine Hölle: III, 662 f. – Die beste der möglichen Welten? III, 667 – Das Material Dantes: II, 383 – Das Dasein ein Fehltritt? VI, 307 – Ein Ort der Buße: VI, 321 f. – Eine strenge Lektion: VI, 341; III, 665 – Der Zweck unseres Daseins: III, 694 – Ein angeborener Irrtum: III, 729 f. – Leiden und Langeweile: II, 366 ff.

– Die Parabel von den Stachelschweinen: VI, 690 f. – Glück und Schmerz: II, 376 f. – Positiv ist nur der Schmerz: VI, 309 – Wir sollen nicht glücklich sein: III, 730; V, 433; V, 447; V, 506; V, 368; V, 369; III, 108; V, 505; V, 503; V, 505; D XI, 70; II, 461; V, 465; V, 343; V, 442; V, 444; V, 442; V, 444; V, 506 f.; V, 346; V, 433; V, 432, 433 – Dem Willen zum Leben ist das Leben gewiß: II, 331 – Der Pessimismus: III, 666.

## *XI. Jungsein und Altwerden*

III, 269; V, 515; VI, 317; V, 518; V, 513; V, 513; V, 515; V, 511; V, 518; V, 523; VI, 620; GN IV, 193; V, 521.

## *XII. Über den Tod*

II, 21 – Das alte Leierstück: II, 379 – Liebe und Tod: III, 641 ff. – Metaphysik der Geschlechtsliebe: III, 568 ff. – Die Dazwischenkunft des Lebens: III, 532 ff. – Das alte Klagelied: III, 559 ff. – Hast du genug? III, 699 – Unzerstörbarkeit ist nicht Fortdauer: VI, 286 f. – Der Tod kein Ende: VI, 288 – D XI, 71 – Was wir durch den Tod gewinnen: VI, 296 Anm. – Trotz Zeit, Tod und Verwesung . . . : III, 548 – Ein ungelöstes Problem? VI, 290 f.; GN IV, 186; GN IV, 185; III, 531.

## *XIII. Vom Denken und vom Schreiben*

Zweierlei Schriftsteller: VI, 532 f. – Dreierlei Autoren: VI, 533 ff. – Buchtitel: VI, 536 f. – Stoff und Form: VI, 537 – Der Grenzpunkt der Worte: VI, 539; VI, 539; VI, 540 – Unsterbliche Werke: VI, 540 – Falsche Ansichten: VI, 541 – Stil: VI, 547 – VI, 547 ff.

### *XIV. Über sich selbst*

Das Werk des Teufels: GN IV, 350 f. – Zuschauer und Zeuge: GN IV, 348 f. – Der Kniff des Genies: GN IV, 351 f. – Wenig Kalk und Mörtel: GN IV, 359 f. – Ein bittersüßer Trank: D XI, 405 – Nur Memnons Säule klang: D XI, 458 – Vorläufer? GN IV, 346; GN IV, 348; GN IV, 348; D XI, 383; GN IV, 360; GN IV, 344 – Mit Puppen reden: D XI, 436 – Bekannte und Fremde: GN IV, 343; GN IV, 343 – Geschrieben 1832: GN IV, 355 – Die Posaune des Ruhms: GN IV, 344; GN IV, 358 – Traurig und trostlos? GN IV, 350; GN IV, 364 – Die Menschheit hat manches von mir gelernt: V, 140 f.